組織X

「エンゲージメント」日本一 3連覇企業が語る、24のメソッド×事例

宮本 茂
株式会社メッセホールディングス

白木俊行
株式会社リンクアンドモチベーション

プレジデン

はじめに～普通の人が最高の組織をつくる方法

本書『組織X』を手にとっていただき、誠にありがとうございます。タイトルだけ見ると、「組織の何について書いてある本なの?」というのが正直な感想かもしれません。最初に一言でお伝えしておきます。この本は**「普通の人が、最高の組織をつくる」**方法論について、書かれたものです。

「何のために経営しているのか、わからない」
「現場が疲弊し切っている」
「社員が何を考えているのか、わからない」
「いい人財が育たず、業績も上がらない」
「社内のコミュニケーションがうまくとれていない」

このような組織の悩みを抱えるトップやビジネスパーソンは、数多くいらっしゃるでしょう。本書を読んでいただければ、これらの組織課題をすべて解決し、強みへと変えることができるはずです。

私はメッセホールディングス（グループ会社を含めた総称として以下、メッセ）という会社のCOO（最高執行責任者）を務める宮本茂です。自分でいうのもなんですが、当社は「普通の人たちが集まっている会社」だと自認しています。

ただ、ありがたいことに当社は、毎年開催される、エンゲージメント日本一の組織を決める、国内最大規模の式典「ベストモチベーションカンパニーアワード」で、2021年～2023年にわたって3年連続で日本一を果たし、殿堂入りの栄誉をいただくことができました。

また、6年間で会社の売上は約2倍、労働生産性も約3倍となり、ナンバーワンの組織力は事業成果にも結実している

※2021年以降リモート開催

のです。

さらに、この3年で新規事業も複数立ち上げ、そのうちの1つであるサウナ「ROOFTOP」×コワーキングカフェ「LifeWork」は、日本でトップクラスの評価をいただくなど、手前味噌ながらイノベーティブな風土づくりにも成功していると思っています。

ここまで読むと、「どこが普通なのか」と思う方もいるかもしれません。しかし、当社について次のような情報もつけ加えると、どう見えるでしょうか。

・メッセの基幹事業は、一般的に人気業態とはいい難い遊技事業である。
・社員の多くはアルバイト出身で、大学を卒業していない人が25%を占める。
・10年ほど前には、会社として希望退職制度を実施するほど追い込まれ、約20%の社員が離職。

普通どころか、かなり劣勢の会社でした。それが最近では、激変したのです。例えば新卒採用においては、いわゆる一流大学の方が、一流企業と比較した上で、うれしいことに当社を選んでくださっています。この数年間で、まったく別の会社へと生まれ変わったといっても、過言ではありません。

そして、今だからいえますが、そのように組織を変革する以前の私は正直、毎朝会社に行くのがつらく、「何でこんなにがんばっているのに、報われないんだろう……」と暗中模索の日々でした。

でも今は、毎日出社するのが楽しくて仕方ない、人生で一番幸せといえる日々を過ごさせてもらっています。ここまでお伝えすると、「この数年間」で何があったのか、少しは興味を持っていただけるのではないでしょうか。

『組織X』に込めた3つの意味

変革の大きな転換点となったのが、本書の共著者である白木俊行さんが所属する会社、リンクアンドモチベーション（以下、LM）との出会いです。人事のプロフェッショナルであるLMの普遍的な組織論を学び、私たちなりに徹底的な実践を重ねた結果、先に述べたような成果を残すことができ、**「普通の会社でも最高の組織をつくれる」**ことを証明できました。

その軌跡をまとめたのが本書『組織X』というわけです。組織Xに込めた意味は、3つあります。

1つ目は「組織のトランスフォーメーション（X）」を起こす軌跡を描いていること。2つ目は「メッセの実践例とLMが掲げる組織論のコラボレーション（X）」であること。3つ目は、「今までにない、新しいかけ算（X）型の組織論」だということ。

そして、この内容は決して当社だけに当てはまるものではなく、世の中にあるすべての企業でも再現することができる、普遍的な内容だと確信しています。世界中で働くビジネスパーソンが、かつての私と同じように、必死にがんばりながらも組織で苦しんでいるのであれば、少しでもお役に立ちたい。そんな想いから、本書を書きました。

ここまで読んでも、あまり納得していない方がいらっしゃれば、1つ質問させてください。「自分の会社『だけ』はできない」と思っていませんか？

「他社ではできるかもしれないけれど、自分の会社では無理だろう……」

「一般的な企業では可能なのだろうけれど、うちは特別だから……」

私はエンゲージメント日本一を3連覇してから、組織の話をさせていただく機会が増えました。そこで当社の話をすると、もっとも多くいただく否定的な反応が、このようなものです。そのときは決まってこうお答えします。

「今までそう思っていたなら、むしろチャンスですよ！」

ＬＭから学んだ大切なキーワードの１つに、**「ちょうどよかった、これをきっかけに」**というものがあります。どんな苦境や脅威が訪れても、「ちょうどよかった」と逆境をバネにできる、マジックワードです。これは、挑戦や変革に成功する人や会社の口癖だといいます。

逆に、挑戦や変革を拒む人の口癖は「どうせ、しょせん、やっぱり」。どんなチャンスが訪れても、そうした言葉で否定的に捉えると、決して事態は好転しません。つまり、**「自分たち『だけ』というのは単なる思い込みであって、ちょっと発想を変えて一歩踏み出せば、いくらでも組織は変われる」**ということなのです。

前置きが長くなりましたが、実際にメッセはどんな変革を行い、変化を遂げたのか。そして、そこに潜む「最高の組織づくり」の方法論とは何か。さあ、謎の「組織Ｘ」を解明する旅に出かけましょう！

株式会社メッセホールディングス　宮本　茂

CONTENTS

第5章 現場自律を生み出すPerformanceの原則と事例

第6章 個性を発揚させるPeopleの原則と事例

CONTENTS

第7章 「4つのC」でつなぎ、完成する『組織X』

CONTENTS

第1章

「メッセフィロソフィ」の確立へ。成功企業の軌跡とは……

Part.1 概論
～変革の秘訣は「3つのキーワード」にあった

『組織X』の本論に入る前に、第1章ではまず、私たちメッセがたどってきた軌跡を概論としてまとめたPart.1、物語形式でお届けするPart.2、『組織X』へとつながっていくPart.3にわけてお伝えします。

いかに「普通の会社」が、苦労しながらもエンゲージメント日本一を獲るに至ったのかを、できる限り赤裸々に綴りました。特に経営者の方には、共感していただけるエピソードも多いはずですし、これを読んでいただければ「自分にもできる」と感じていただけるのではないかと思います。

先に『組織X』の結論を知りたい方は、第2章以降を読んでから第1章に戻ってきていただいても構いません。実践のポイントを手早く知りたいという方には、そちらをおすすめします。

さて、当社が2021年から3年間にわたって、「エンゲージメント日本一」3連覇をしたことは先ほどお伝えしました。では「普通の会社」を自認する私たちが、いかにして日本一に踊り出たのか。これは、何も特別なことはありません。私たちは「聞いてみれば当たり前だけど、みんながやっていないことをやり続けた」だけです。いい換えれば、**「一番を目指し、成功している企業がやっていることを、自分たちにもできると信じて、ひたすら徹底的に実践した」**のです。中堅企業は特に「自分たちにはできない」と決め込んで、最初からやらないことが多くあるように思います。「成功企業が当たり前に行っていること」を、「あの会社は歴史ある大企業だから」とか「逸材揃いだから」と理由をつけて、諦めてしまっているのです。

では、「成功企業が当たり前に行っている」ことは何か。そのキーワードが「Why／What／How」です。この3段階の取り組みによって、組織や事業の力は格段に強くなっていきます。あまりにも、ありふれたキーワードだと感じられるかもしれません。けれども、私たちはさまざまな経験から、これがもっとも大切だと考えるに至りました。裏を返せば、ほとんどの経営者やビジネスパーソンがこの重要性に気づいておらず、実践できていないということです。もう少し具体化すると、次の3つがポイントになります。

- **大事なこと起点で**：短期的な事業目標ではなく、長期的な経営の目的（Why）を明らかにし、そこから始める
- **絞って**：手頃なものにあれこれと手をつけるのではなく、目的を基にやるべき王道（What）に絞り込む
- **徹底的に**：王道に基づいて決めた施策（How）を中途半端にやるのではなく、何度も繰り返してものにする

この3つを前から順にやること、そして3つとも揃っていることが非常に重要だと考えています。

ありがたいことに、私は経営者から組織に関する相談をいただく機会が多くあるのですが、驚くほどにたくさんの企業が「Why／What／How」の原則を見逃しているのが事実です。例えば、企業のトップとしてWhyの部分、

「あなたは何のために経営をしているのですか？」という問いに答えられない方が多くいらっしゃいます。とはいえ、ほぼすべての経営者は決してサボっているわけではありません。むしろ、日々必死に会社を運営していらっしゃる方ばかり。しかし、この「Ｗｈｙ／Ｗｈａｔ／Ｈｏｗ」の原則を知らないために、組織で悩み、苦しみ、どうすれば良いのかわからなくなっているのです。

かくいうメッセも、このキーワードの重要性に気がつくまでは、失敗の連続でした。ただ、この考えを会得してからは、楽しく成長し続けられていると自覚しています。以降のＰａｒｔ・2では、具体的にどのような歴史をたどってきたのか、物語形式でメッセの歴史を「Ｗｈｙ／Ｗｈａｔ／Ｈｏｗ」の型に沿って5つのフェーズに分けて、紹介していきます。

①Ｗｈｙなき時代
②Ｗｈｙの明確化
③Ｗｈａｔの絞り
④Ｈｏｗの徹底
⑤現在のメッセ

Part.2

物語
～メッセ創業から日本一まで、変革の道のり

メッセの前身となる会社は、私の父・宮本君夫と母・初子が1981年に創業しました。もともと父は政治活動を、母は生活を支えるために保険外交員をしていたのですが、収入が少なく家族は困窮。そこで、父は政治から身を引いて「自分の夢を追いかけるよりも、家族を養わなければ」と一念発起し、40歳にして母とともに中古車販売の会社を立ち上げたのです。実は、この「家族を幸せにするため」という創業の想いが、のちに重要となります。

そんな決意のもとにスタートした中古車販売業ですが、それまで経営をやったことのない両親は苦戦し、利益確保もままならない状況が続きました。それでも10年ほど存続しましたが、ついに事業継続が困難になり、苦渋の決断で廃業、事業転換をすることになったのです。

さまざまな検討の末、「キャッシュフローに強いビジネス」「人々を笑顔にで

きる大衆娯楽の魅力」という2点に可能性を感じ、次なる一手に選んだのが遊技事業でした。この頃の父は、経営を一から学び直すために多くの経営者に教えを乞うたり、事業進出を本格検討する際には娯楽の本場であるラスベガスまで視察に行ったりしていたものです。その真剣な姿勢は、今でも私の脳裏に焼きついています。

こうして遊技事業を開始することになりますが、廃業したほどですから、手元には資金などありません。しかし、バブル期だったこともあり、持っていた不動産を担保になんとか20億円もの大きな借り入れをすることができ、1990年に遊技店のグランドオープンへとこぎ着けます。そして背水の陣で臨んだ結果、この第1号店は大盛況となり、成功を収めました。

ただ、売上は順調なものの、多額の借金をしている状態なので、会社の財務状況は芳しくありません。それを打開するために1号店開業からわずか1年半後、今度は少ない借り入れで賃貸契約をして、2号店をオープンさせます。そうして店舗数と売上を増やし、当初の借金を返済していく算段でした。結果として、この2号店も大きな成果を上げ、両親は遊技事業の経営を軌道に乗せたのです。

ここから勢いに乗り、メッセは出店をどんどん加速させていきました。12年後の2004年には、売上300億円を突破。東京からスタートした店舗は北関東までエリアを広げ、社員は120人近くにまで増えました。

①Whyなき時代：売上利益至上主義に訪れた環境変化

そんな絶頂期に中途入社したのが、私です。前職はソニーで、世界初のデジタル音楽コンテンツ配信システムの開発プロジェクトに従事していました。こういうと聞こえは良いのですが、実は心の中で、私はモヤモヤを抱えていたのです。システムの開発期間は1年以上と長く、お客さまの反応は見えない。プロジェクトには数百人以上が関わり、自身の効力感も得にくい。

そんな当時の私にとって、メッセはまさに〝隣の青い芝生〟のように映りました。地域密着型の店舗でお客さまの笑顔に触れられ、日々、手触り感のあるやりがいを得られるメッセが、まぶしく見えたのです。そして2004年、両親の経営する会社に飛び込むことにします。

入社して、あらためて感じましたが、当時のメッセはとにかく活気があり、みんな立身出世を狙うような、やる気に満ちた雰囲気でした。業界的にも遊技人口はピークを迎えており、2008年には売上500億円超え、社員数500名にまで成長し、事業としては絶好調です。

一方で、社内の働き方に目を向けると、気になる点も見えてきました。社員はとにかく人柄が良くて、互いに仲も良く、みんなが一生懸命働いている。しかし、長時間労働が常態化し、日をまたいで明け方まで働くことが普通になってしまっていました。当時の私を一例に挙げると、新店舗の立ち上げ時は、半年間1日も休まず毎日16時間労働。

はっきりいって働き方が尋常ではなく、全体としての活気はあるものの、一人ひとりの顔はものすごい疲労感を同時に漂わせていました。

しかも、そんな働き方に違和感を覚えるどころか、当時は誰もが当たり前に思っていたのです。結果として体調を崩す人も現れ、私も体を壊しました。今振り返ると、20億円の借金を返済するために「極端な売上利益至上主義」を掲げていたことが、猛烈な働き方につながっていたのでしょう。もちろん、当時はそんな風に捉えていませんでしたが、実際に「売上、利益を稼いだ人が偉い」というような風潮もありました。

そんな危うさを抱えながらも、のぼり調子だったモードは急変します。2009年頃から遊技機の規制が強化され、売上や利益を上げることが難しくなったのです。出店すれば伸びる時代から一転し、お客さまの数も減り始め、ついには売上も減少していきました。

事業の不調から、組織は空中分解一歩手前へ

私たち経営陣としては、当然手をこまねいているわけにはいきません。まずは事業の立て直しを図ります。最初に手をつけたのは店舗です。安定を見込める東京に店舗を集中させ、人口減少が進む北関東からの撤退を決断しました。こうして文字にすると当たり前なことのようで、サラッと書いていますが、当時は北関東のお客さまやそこで働く社員、信頼して土地を貸してくださった地

主の方々に大変申し訳なく、本当につらい思いをしたものです。

しかし、それだけで事態は好転しません。肥大化したコストを見直すために、組織にもメスを入れなければならない状況で、２０１１年にはリストラを断行。実質的には希望退職制度でしたが、社内にネガティブな影響を与えないよう「自立支援制度」という名称に。それで退職者を募ると、一気に50人ほどの社員が去っていきました。２０１２年からは、それまで毎年行っていた30～50人の新卒採用もストップ。人件費の抑制だけでなく、社員の士気を高めるためのイベントも軒並み廃止し、引き締めを強化していったのです。

その結果、コストは大幅に下がり、利益を出せる体質に変わりました。20億円あった借金も完済し、立て直しは一段落します。

しかし、多くの仲間が去り、コミュニケーションも減った組織の雰囲気は、恐ろしいほどに悪くなっていました。私や両親を含む経営陣に残ったのは、何とも形容しがたい虚無感だったのです。

そんな状況に、このままではいけない、何とかしなければという想いがわき上がり、ここからメッセは、大きく変わっていくこととなります。

②Whyの明確化：稲盛先生の、両方を追求するという考え

組織の雰囲気悪化をきっかけに、CEOである父、CFOである母、そしてCOOである私の3人で膝を突き合わせて真剣に話し合いました。「そもそも私たちは、何のために経営しているのか」「なぜ、自分たちはこの事業をしているのか」。こうしてみると、私たちの場合は手痛い失敗があったからこそ、Whyに立ち返るきっかけが得られたのだと思います。

そこで気づいたのが、「創業の原点」の大切さです。

もともとメッセは、「家族を養い、幸せにするため」に始めた会社でした。「家族が幸せになり、社員にその恩返しをして、みんなを幸せにすること」こそが、経営の目的だったはず。それが一番大事な価値観だったのだと、このときにわかったのです。

それがいつの間にか、「利益を上げること」が目的にすり替わってしまっている。このままではまずい、会社としての本分を取り戻さなければならない。そう感じた私たちは、さまざまな書籍を読み、人に会って話をする中で、京セ

ラグループの創業者である稲盛和夫先生の考え方に出会いました。
〝経営の神様〟ともいわれる稲盛先生が提唱した「京セラフィロソフィ」は、「会社に賛同して集まってくれた、仲間のために経営する」ことを核としており、私たちが気づいた価値観とまったく同じだったのです。ここに運命的なものを感じ、これこそがメッセの目指すべき姿なのかもしれないと、稲盛先生主宰の盛和塾に入って京セラフィロソフィを貪るように学び、実践しました。

その中で、稲盛先生の考えは究極的には、**「どちらか一方ではなく、両方を追求せよ」**ということに尽きるのだと会得したのです。これは売上と経費、事業と組織など、さまざまな文脈で語られています。

名著『ビジョナリー・カンパニー』（日経BP社）の中に記されている、時代を超えて生き残る企業は「ORの抑圧を跳ね除け、ANDの発想で困難を乗り越えてきた」という話とも重なるでしょう。

さらに、稲盛先生のたどった経営判断の一節が、私たちに大きな影響を与えることとなります。もともと「技術力で社会に貢献する」ために事業を興した稲盛先生は、会社が大きくなる中で、やがて「事業と組織、どちらが大事なのか？」という問いに直面したそうです。そのときに考え抜いた末、たどり着いた結論が**「両方とも大事だが、どちらかを優先するのであれば、組織であり社員である」**でした。まとめると、**「ORではなくANDを追求する」「究極の判断時における優先順位を決めておく」**という2点になります。

かつて苦境に立たされた私たちには、この考えがなかったのだ。そして、これこそが組織の雰囲気を変えていく、もっとも大切な考え方なのだ、と感銘を受けました。

経営理念を明文化。そこに込めた、組織への覚悟

そこからの結論は明快です。私たちも稲盛先生と同じように「両方を重視しつつも、究極的には組織を選ぶ」ことに決めました。つまり、「組織≧事業」という考え方になります。これを会社の中核に据え、もう一度、組織をつくり上げていこう。そう思った私たちは「なぜ経営するのか」という目的（Why）を、

さらに突き詰めていきました。そして、次のように経営理念を明文化するに至ります。

「私たちは、全従業員の物心両面の幸福を実現し、人類社会の進歩発展に貢献します」

この経営理念では、第1に「社員の幸福」を掲げ、第2に「社会への貢献」を述べています。これは、私たちの覚悟を込めた宣言でもありました。これまでは「お客さま第一（売上優先）」だったのが、「社員第一（組織優先）」に大きく変わったのです。これを企業として最優先する目的だといい切るのは、なかなか簡単なことではありません。

なぜなら、もし「そうではない行動」をしてしまったら、つまり社員の幸福よりも顧客を重視する判断をしたら、その瞬間に嘘をついたことになり、社員からの信頼は消し飛んでしまうからです。そうなれば、次こそ会社は破綻するでしょう。

それでも大切なこととしていい切り、全社員に幸せになってもらえる経営をしようという決断。私たち経営陣が、覚悟を持って腹を括った瞬間でした。

実は以前から経営理念はありましたが、魂が込められていて日々実践されているとはいえないものでした。ある意味、「常に立ち返るべき目的」や「究極的な判断の指針」にはなっていなかったのだと思います。

しかし、経営理念を明文化し、すべてをそれに照らし合わせて行動することを決めたその日から、組織は少しずつ変わっていきました。

③Whatの絞り：LMと一蓮托生することに決める

経営理念、すなわち目的（Why）は決まりました。次は「何を、どのように」するか。つまりWhat（戦略）とHow（戦術）を考える必要があります。しかし私たちは、それをなかなか決め切れていませんでした。稲盛先生の考え方は素晴らしく、スタート地点には立てたものの、もう一歩踏み込んだ実践論まではどこにも書かれていなかったのです。

そんなときに出会ったのが、LMでした。同社の組織論は、まさに当時の私たちが求めていたＷｈａｔとＨｏｗが体系的かつ実践的に整理されており、前述のＷｈｙとも、きれいにリンクするものだったのです。そこで、経営陣で話し合い、ＬＭと一蓮托生で組織づくりを行うことに決めました。この決断は、私たちの組織変革を強力に後押しする推進力となります。

ここでの重要な決定で、その後にも奏功したことは、**「戦略（Ｗｈａｔ）に関することは、ＬＭとしかやらない」**という絞り込みをしたことです。さまざまな理論や考え方、方法論を学べば学ぶほど、つい「あれもこれも」とつまみ食いをしたくなりますが、「これだ」と思った王道の戦略（Ｗｈａｔ）は１つに定めることが大切です。

その理由は２つあります。１つは「多くのことを試している時間がもったいない」ということ。いろいろなやり方を試行錯誤している時間は、実は無駄であることが多く、その間に戦術（Ｈｏｗ）の実行度を高めるほうが、効率良く効果が出やすいのです。もう１つは「社員が迷いなく戦術（Ｈｏｗ）と向き合えるようにする」ため。経営が定める戦略（Ｗｈａｔ）があれこれ変わると、戦術（Ｈｏｗ）

を実行する社員は何をすればいいのか迷ってしまうでしょう。それよりも、「この戦略（What）だけを信じれば良い」と、シンプルかつ明確に示されたほうが、社員は圧倒的に力を発揮しやすくなります。

理念から指針へ、メッセフィロソフィの体系化

具体的にどのような考え方で何をしたかについては、第2章以降で詳しく説明していきますが、もっとも効果があった取り組みを1つ紹介します。それは、経営の目的（Why）を定めた「経営理念」と、会社としての判断・行動に落とし込んでいく際の拠り所となる「経営指針」、さらにその個人版である「行動指針」をLMとともに定めたことです。

そして**「経営理念」「経営指針」「行動指針」を3つ合わせて「メッセフィロソフィ」として体系化**し、あらゆる判断を行う上で社内の共通言語となるものをつくりました。こうすることで、経営者も社員一人ひとりも判断を誤らずに行うことができるようになるとともに、すべての判断基準が書かれているので、

意思決定のスピードが劇的に上がったのです。

これは組織変革を進めて行く上で、大きな武器となります。かつて経営指針や行動指針がなかったとき、メッセの店舗では店長の独自判断ですべてが決まっていました。そんな状況で事業や組織を推進していく上での判断基準となる共通言語がないと、どうなるか。結果指標の1つでしかない売上や利益が、最上位の判断基軸になってしまうのです。

そして「売上を上げるため」「利益を稼ぐため」というお題目のもと、会社の価値観からズレた判断や意思決定がなされるようになってしまいます。実際、経営陣の知らないところで、店舗での誤った

「メッセフィロソフィ」の体系化

経営理念	経営の**目的**（Why）
経営指針	迷ったときの **判断基準**となる**目標**（What）
行動指針	日々の仕事における **行動の基準**になる**手段**（How）

判断がなされることもありました。前述した売上利益至上主義も、共通言語がなかったことが、その一因だったといえるでしょう。さらには、店長が異動するたびに「前の店長は、そんなことといっていなかった」など、店長それぞれの価値観に起因するコンフリクトもしばしば起きていました。

一方、経営指針や行動指針ができてからは、そんなことは一切起きていません。社員は、会社としてのあるべき価値観に基づいて判断を行える、指針の存在を喜んでくれて、まさに流行語のように共通言語として浸透していき、組織が活気を取り戻していきました。

そして各店舗では店長の色ではなく、メッセの色が発揮されるようになり、この頃から「メッセの店舗はどこに行っても変わらず居心地が良い」といった、お客さまからのうれしい声も聞こえるようになってきました。

こうした変化を確実に加速させていったのは、骨太のＷｈｙとＷｈａｔに支えられた、徹底的なＨｏｗの実践だったことは、間違いありません。

④Ｈｏｗの徹底：繰り返し、必ずやり、自分たちのものに

戦術（Ｈｏｗ）の実践は、いい換えると組織施策の実施です。組織施策にはさまざまな種類があり、つい「何をやるか、どうやるか」にこだわってしまいがちでしょう。また、それらを考える時間は社員も盛り上がるので、いたずらに時間を割いてしまうことが少なくありません。そして、たくさん時間をかけて考えた施策を、結局１〜２回しか実施せずにやめてしまう。そんなことも多いのではないでしょうか。私たちも、かつてはそうでした。

しかし、あらゆる組織施策を実施してきた今、私が思うのは、**何をやるか以上に「どこまで徹底的に施策をやり抜くか」のほうが、何倍も重要**だということです。実際、メッセフィロソフィ以外にもＬＭとともに考えた原則論があったので、施策自体は時間をかけずに決めることができました（この原則論は、のちほど紹介します）。そのため、施策を何度も徹底的にやり抜くことに時間を使い、社員が自分たちのものとして使いこなせるようになるまでやり続けました。

私たち経営陣が率先垂範するのはもちろんですが、当社の社員は素直で真面

目な人が多いので、決めたことを愚直にやり抜いてくれます。すると、目に見える結果にもどんどんつながっていき、みるみるうちに組織のモードは高まっていきました。そして、気づいたらエンゲージメント日本一になっていた、というのが、率直な感想なのです。

では「徹底的にやり抜く」というのは、一体どの程度のものなのか。今も実践し続けている、わかりやすい組織施策を3つほどここでは紹介しておきます。

年300回以上行う、経営者との朝イチ全社員1on1

1つ目は、当社の1on1制度です。「全社員1on1」と「階層別1on1」、大きく2つの種類があります。より〝やり抜く〟程度がわかりやすいのは「全社員1on1」のほうで、これは経営者である私が、半年かけて全社員と1回15分の1on1を行う施策です。

現在、社員は約150人いますが、実施率は100%で、半期に1度は、私とすべての社員が話す仕組みとなっています。なので私は、年に換算すると計300回以上の1on1を行っているというわけです。

しかも私はこれを、自身が持つ最重要業務の1つとして捉えています。それがわかりやすく社員にも伝わるよう、朝イチの脳が最高に活性化している時間に、最優先で実施をしているのです。

話す内容は、仕事関連はもちろん、社員一人ひとりの心や体、家族についてなど、プライベートの話題まで幅広く。そのため、全社員が今何に悩み、将来何をしたいと考え、これまでどのような成長を遂げているのかを、私も知ることができています。

「階層別１ｏｎ１」も、せっかくなので紹介しておきましょう。特徴は、頻度と内容です。各社員が1階層上の上司と週に1回15分、2階層上の上司と月に1回15分の面談を１００％実施しています。そして、こちらも会社としての最重要業務の1つに据えているのです。

内容は「私事」「志事」「仕事」と、3つの項目に沿って話をしていきます。「私事」はプライベートに関する話で、「心」「体」「頭」「家族」という4つで構成されるもの。「志事」は自身が成し遂げたいことに関する内容で、「仕事」はその名の通り、業務に関するものです。

さらに私たちが大切にしているのは、私事→志事→仕事という順番で話すこと。仕事よりも、プライベートのことを先に話すのです。これには、「仕事も大切だが、その人自身の人生を豊かにすることのほうが優先されるべき」という考えを反映しています。

毎年更新していく、1000個のナレッジ

2つ目は「メッセナレッジ1000」、通称「ナレッジ」と呼ばれているものです。ナレッジとは、個人に蓄積されてきた知見やノウハウを、言葉や文章、図表で表現された知識に変換したものを指します。

これらを蓄積することで、特定の個人に業務が属人化することを防ぎ、組織として膨大な量の知識を活用することができるようになるわけです。つまり、ナレッジとは「共有知」であり、企業にとっての財産ともいえるでしょう。

当社では、会社経営を「組織」と「事業」に分けて考え、さらにそれぞれに10の領域を定義することで、合計20個の経営領域を設定しています。例えば、組織には採用、事業にはマーケティングなどの細かな領域があり、その各領

域の中でナレッジを50個ずつ策定しているわけです。つまり20領域×50個＝1000個のナレッジを、当社は財産として保有しています。

これらを活用することにより、新人であっても即座に結果を残すことが可能です。また、この1000個のナレッジを半年ごとに更新しており、常に最新の知見が共有されるようになっています。こうすることで、何らかのPDCAを回すとき、属人的ではなく、すべてナレッジベースで行うことが可能であり、そこで得た知見により、ナレッジをまたアップデートできるのです。

年間3000個生み出される、理念体現ストーリー

3つ目は「経営指針物語」。これは、前述した「経営指針」浸透のため、アルバイトも含めた全社員に毎月1回作成してもらっている、理念体現ストーリーのこと。その月のテーマとなる経営指針に対して、各自がどのような行動を起こし、それによってどのような成果が出たのかを、ストーリー形式で記してもらったものです。

実際の「経営指針物語」

【1等級・PA】経営指針物語

今月の指針　「　お客さまが安心して楽しめる店にします　」

役　職　：　清掃アルバイト

9月中旬からとても気になる事がありました。先週まで普通に歩いていたお客さまが杖をついたり、猛暑なのに寒いとお話をしてくださるお客さまが増えました。何故だろうと思い、認知症ではないかと考え、知人の進めもあり、『認知症世界の歩き方』という本を読みました。本を読む事が苦手な私に、分かりやすく答えを提示してくれた本でした。驚いた事に、お客さまの行動が、本の内容と一致していました。最近、トイレも汚される事もありましたが、認知症により距離感が掴めない人が増えたんだと、本を読んで知りました。認知症を理解できたらこそ、疾患を知った事で、優しい気持ちになれました。また、店長とマネージャーにも相談し、認知症サポーターの講義を受けました。学んだ事を仲間に伝え、お客さまに広めていけたら仲間、そしてお客さまも安心し遊技できる、地域の遊技場になれますし、さらにこれをメッセ全体に広げていけたら、世界一の居場所になれると思います。

2016年から開始し、毎月必ず1人1枚を書いてもらっており、これまでに累計約30000もの物語が紡がれています。さらには経営陣が各課・各店舗から推薦された優秀作品すべてに目を通し、その中から月次で「物語大賞」を選出。全社員の前で、表彰も行っています。

これら3つが、〝やり抜き〟度合いがわかりやすいHowの実践例です。数にもインパクトがありますが、継続してやり続けている様を、少しは感じてもらえたのではないでしょうか。これらWhy／What／Howが一連の流れでつながって実践されることにより、当社はエンゲージメント日本一を3連覇することができたのです。

⑤現在のメッセ：好調の先にある「世界一」へ

ここまでに紹介したのは、当社がたどってきた軌跡のほんの一部ですが、こうして組織に力がついた結果、「はじめに」でもお伝えした通り、「普通の人が最高の組織をつくり、結果として事業も成長し続ける」会社になりました。

3連覇を達成した今、あらためて思うのは、最初から日本一を目指していたことこそ、すべての原動力だったということです。すなわち「できない」ではなく「できる」と信じ、着実に「Ｗｈｙ／Ｗｈａｔ／Ｈｏｗ」に従って実践し続けてきたことが大きかった。結果、苦しかった時期は完全に脱し、やる気に満ち、いきいきとした組織になったのです。

直近では、２０２３年12月に、１００人収容可能な世界最大級のサウナ室を有する「MONSTER WORK&SAUNA」を吉祥寺駅前（東京都武蔵野市）にオープンさせました。同施設の水風呂には、入る場所により温度が異なる、世界初の温度管理システムを導入。オープン以来、さまざまなメディアに取り上げていただき、日本中から注目される施設となっています。

弾みがついた今、メッセが次に目指すのは「世界一」です。「小さな中堅企業だからできない」のではなく、むしろ「身軽な中堅企業だからこそできる」ことはたくさんある。それを肌身で感じたことにより、私たちはより高い目標を掲げ、挑戦することに躊躇がなくなりました。こうしたチャレンジを続け、組織としてもさらに高みへとのぼっていきたいと思っています。

Part.3

総括
〜自社の事例を、汎用的な理論『組織X』へ

私は今、最高に幸せです。考え方を変え、王道に従い、諦めずに続けていけば未来は拓けると、昔の自分に伝えたい。同時に、毎日がつらかった私のように、今、苦しみ悩んでいる経営者やビジネスパーソンに、「もっと、もっと、幸せになれる」と伝えることが、私に課せられた使命だと考えています。

ここまで「Why／What／How」というキーワードに沿って、メッセの軌跡をたどってきました。普通の企業であっても、日本一の組織をつくることができるということがわかった一方、「Why／What／How」だけでは抽象度が高く、再現することが難しいと感じた方も少なくないでしょう。

実は、今までの組織変革の裏には、膨大な実験の歴史がありました。それを支えてくださったのがLMであり、共著者の白木さんです。そこで、このたび、白木さんとメッセの取り組みを体系的に整理して、普遍的な理論『組織X』へ

と昇華させることにしました。

そして本書は、誰でも実践できるようにわかりやすく、「Principle（原則：何を重視して考えれば良いか）」×「Case（事例：メッセでの具体的な取り組み）」の提供を行う内容です。


第2章では「Why／What／How」を起点として『組織X』を実現するためのフレームワークを紹介し、第3章〜第7章ではフレームワークを詳細化したPrinciple（原則）と、具体的なメッセでのCase（事例）を解説します。そして、第8章と第9章では、時代のトレンドや理論的な背景とともに、今回の組織論についてのさらなる深掘りとして、「人的資本経営」や「HRテック」に造詣が深い岩本隆氏と、「パーパス経営」の第一人者である名和高司氏にご登場いただき、私と白木さんを含め鼎談を行いました。

また、巻末には、原則をまとめたリストをつけ、すぐにでも実践できるようにしているので、読み終わった後にぜひご活用いただければと思います。

それではいよいよ、『組織X』の具体に迫っていきましょう。

第2章

『組織X』の全体像を紐解くPCマトリクス

Part.1

コアフレームとなる「経営の4P」を理解する

第1章では「Why／What／How」というキーワードに沿って、メッセがエンゲージメント日本一3連覇を成し遂げるまでの軌跡をたどりました。日本を代表するような大企業ではない一般的な会社、しかも劣勢に置かれた状況下であっても、そのような変革を起こせる。そうわかった一方で、1社の事例を見ただけでは、自分たちにも再現できるのかと難しく感じられた方も多いかもしれません。

しかし、本書で取り上げる実践論は、〝誰でもできる〟ということがポイントとなっています。

そこで、第2章からは誰でも実践できる、組織をトランスフォーメーション（X）するための方法論『組織X』を、LMで成長企業の組織変革をもっとも多く担当してきた私、白木俊行が紹介していきます。

本パートではまず、『組織X』の核となるフレームワーク「経営の4P」を解説しましょう。この考え方を会得することが、『組織X』を理解するための第一歩となります。

経営の4Pは、経営活動を4象限で表して整理したものです。

横軸には「事業と組織」、縦軸には「経営と現場」を置き、各象限において重要なことを、Philosophy（理念策定）、Positioning（戦略策定）、Performance（業績向上）、People（人財開発）と名づけています。そして、これらの頭文字を取って「経営の4P」としました。

『組織X』のコアフレーム「経営の4P」

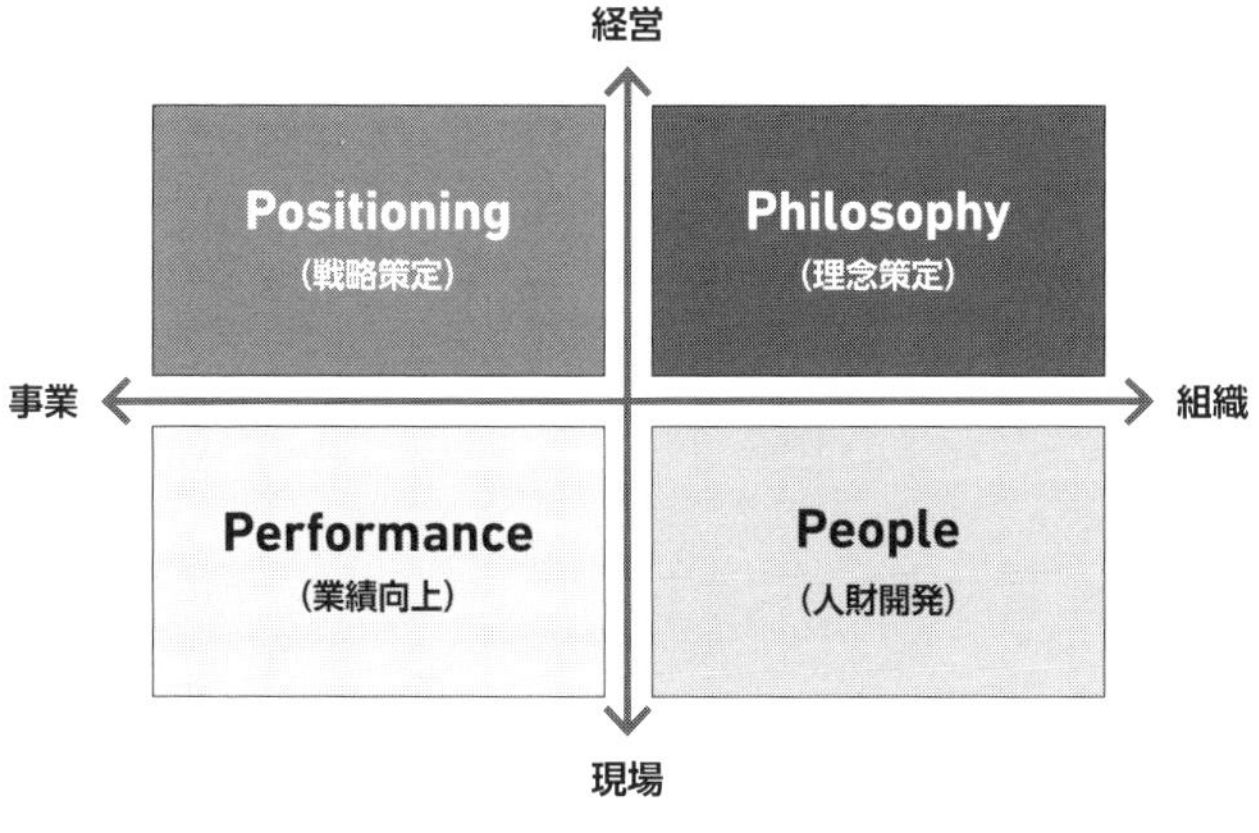

Part.2

重要なのは「事業⇕組織」「経営⇕現場」の両立

さて、ここからは、経営活動をなぜこのような分け方(事業⇕組織、経営⇕現場)にしているのかを、さらに深掘りしていきます。

ポイントは「**実践的に**(現実世界で使えるように)」「**網羅的に**(全体像を捉えられるように)」分けることです。まずは、LMで経営活動を捉える際に意識する、2つの前提について説明します。

前提①:労働市場適応の難易度が高まっている

そもそも企業は、2つの市場に適応することを求められています。1つは事業活動を通して顧客をつかむ「**商品市場適応**」、もう1つは組織活動を通して社員をつかむ「**労働市場適応**」です。つまり経営活動は、まず「**事業と組織**」に分けることができます。

一昔前は「事業が順調であれば、組織は気にしなくて良い」、アメリカの経営史学者、アルフレッド・チャンドラーの言葉を借りれば、「組織は戦略に従う（事業＞組織）」という世界でした。その理由は2点あります。

1点目は、**労働市場が「硬直化」**していたためです。従来の日本企業では、年功序列・終身雇用が主流であり、一度獲得した人財は辞めにくく、ケアする必要性が高くありませんでした。

2点目は、**働く価値観が「画一的」**だったためです。かつての成長経済下では、社員は金銭報酬や社会的地位が満たされることを望んでいたため、がんばってい

労働市場の変化

	これまで		これから
流動化	**「相互拘束関係の時代」** 一度獲得した人財は 手間暇かける 必要がなかった	▶	**「相互選択関係の時代」** 一度獲得した人財からも 選ばれ続ける 必要がある
多様化	**「画一性の時代」** がんばっている人に お金やポストを 提供すればよかった	▶	**「多様性の時代」** やりがい、自己成長など、 さまざまな欲求に対応する 必要がある

る人に、お金やポストを提供していれば良かった。それゆえに、事業が順調であれば、組織のことは気にせずとも問題なかったのです。

しかし、現代においては、労働市場適応の難易度が高まってきています。その要因は、前述した「硬直化」「画一的」とは逆である**「人財の流動化」**と、**「価値観の多様化」**にあるでしょう。年功序列・終身雇用のシステムは限界を迎え、転職インフラの整備にともなって転職者は増加し、労働市場の流動性が高まり続けています。

また、成熟経済下では働く人々の価値観が多様化し、やりがいや自己成長など、さまざまな働く動機（ワークモチベーション）に対応する必要が出てきているのです。

結果として、現代においては「事業と組織を同じくらいの重さで考える」ことが重要となってきています。ここでのポイントは**「事業と組織を1対1の比率で考える」**ということです。「事業か組織か」ではなく、「事業も組織も」と考えなければなりません。

前提②：企業は経営と現場の溝を埋めることに腐心している

あらゆるビジネスは、コミュニケーションを通して行われます。逆にいえば、コミュニケーションを一切取らずにビジネスを行うことは難しいでしょう。社会システム理論の大家である、ドイツのニクラス・ルーマンも「コミュニケーションによってこそ社会は成立する」と論じています。

実際の企業においては、経営と現場間のコミュニケーション活動を通してビジネスが行われているでしょう。ただ、両者の間には深い溝があるのが、ほとんどの組織における現状です。

それは、**経営と現場では見ているものが異なり、その「視界差」が生じる**ことによって引き起こされます。

例えば、経営層は「会社全体を俯瞰して」「中長期の時間軸で」と考えますが、現場のメンバー層は「自分の担当業務について」「短期の時間軸で」と考えることが多いのです。

これは立場が違う以上、発生してしまうのはある意味で仕方のない、宿命的なノイズだといえるでしょう。とはいえ、組織として事業を推進していく上では、この**ノイズをいかに縮減し、視界差をなくしていくかが企業の命題**でもあります。

だからこそ「経営と現場をいかにつなぐか」は、経営課題ともいえる大きなテーマになるのです。

以上2つの前提から、経営活動を事業と組織、経営と現場の2軸に分けています。いかに事業と組織を両立させるか、経営と現場のコミュニケーションをつなぐかは、現代における企業経営の神髄でもあり、そこで経営者の手腕が試されるといっても過言ではありません。

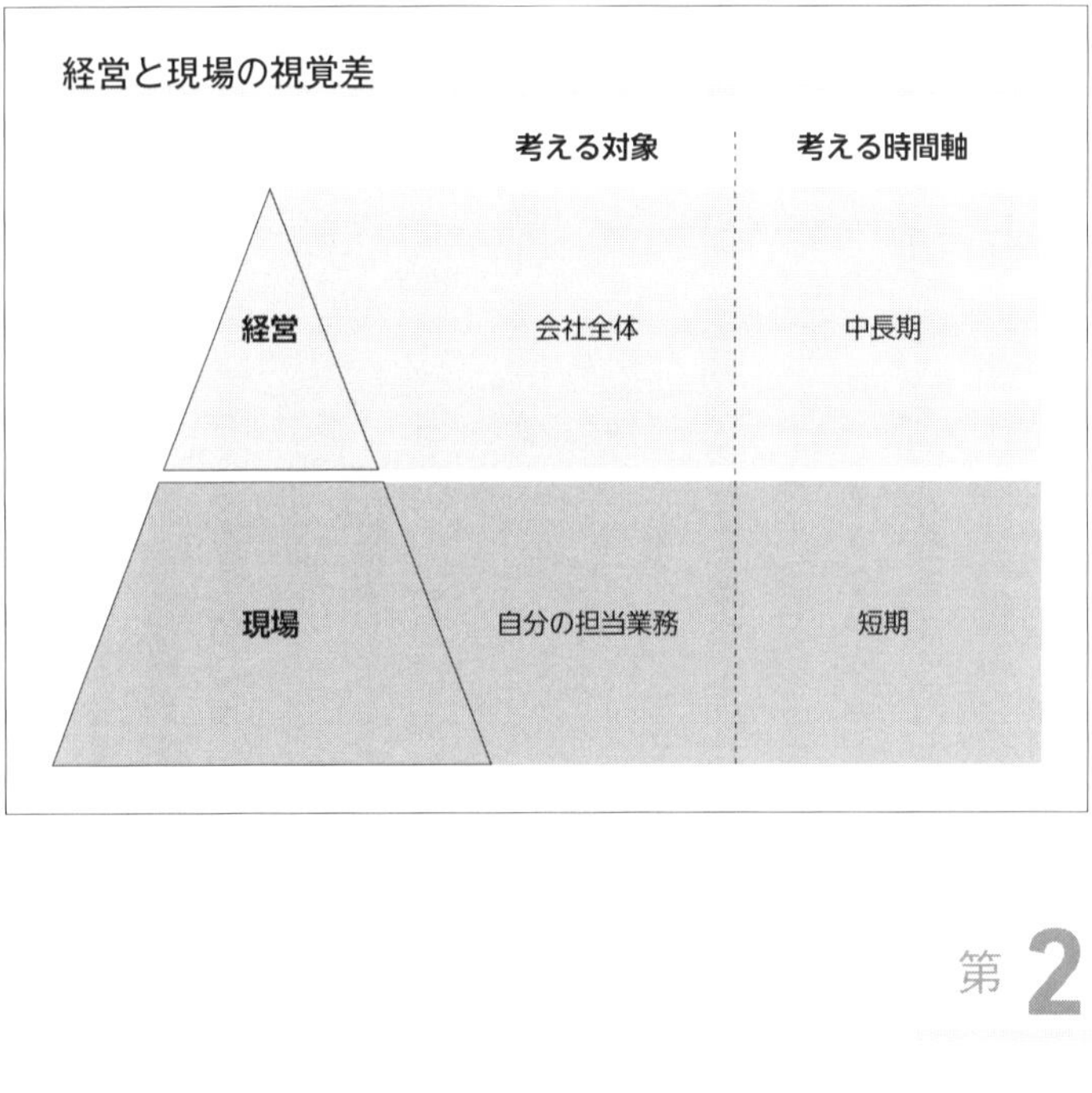

Part.3

4Pを回して、組織をトランスフォーメーションさせる

ここまでお伝えした前提に対して、経営の4P各象限に具体的な活動を当てはめていくと、次のような対応関係になります。

・経営×組織＝Philosophy（理念策定）
・経営×事業＝Positioning（戦略策定）
・現場×事業＝Performance（業績向上）
・現場×組織＝People（人財開発）

これらを明確化して経営を行っていくことが、組織をトランスフォーメーションさせる秘訣です。

この4Pを用いて、最初に実施していただきたいことが、**「自社は4Pのうち、どこが得意でどこが苦手か」**をチェックすること。得意不得意の濃淡が明

らかになるだけでも、自社の伸びしろがわかるので、一歩前進したことになります。実際、4Pすべてが得意という会社はほとんどありません。このことからも、全体像を押さえる難しさと、実践できた際の効果がおわかりいただけるでしょう。

ちなみに4Pは、取り組む順番も大切です。ポイントは**「右上から反時計の順に回す」**こと。ここで注意すべきは「習得プロセスとは逆回り」なことです。

一般的にはPeople→Performance→Positioning→Philosophyの順に学んでいくため、この順番で考えてしまうことが多いでしょう。しかし、経営活動を行う際は逆です。ここは非常に重要なポイントなので、覚えておいてください。

「経営の4P」を反時計の順に回す

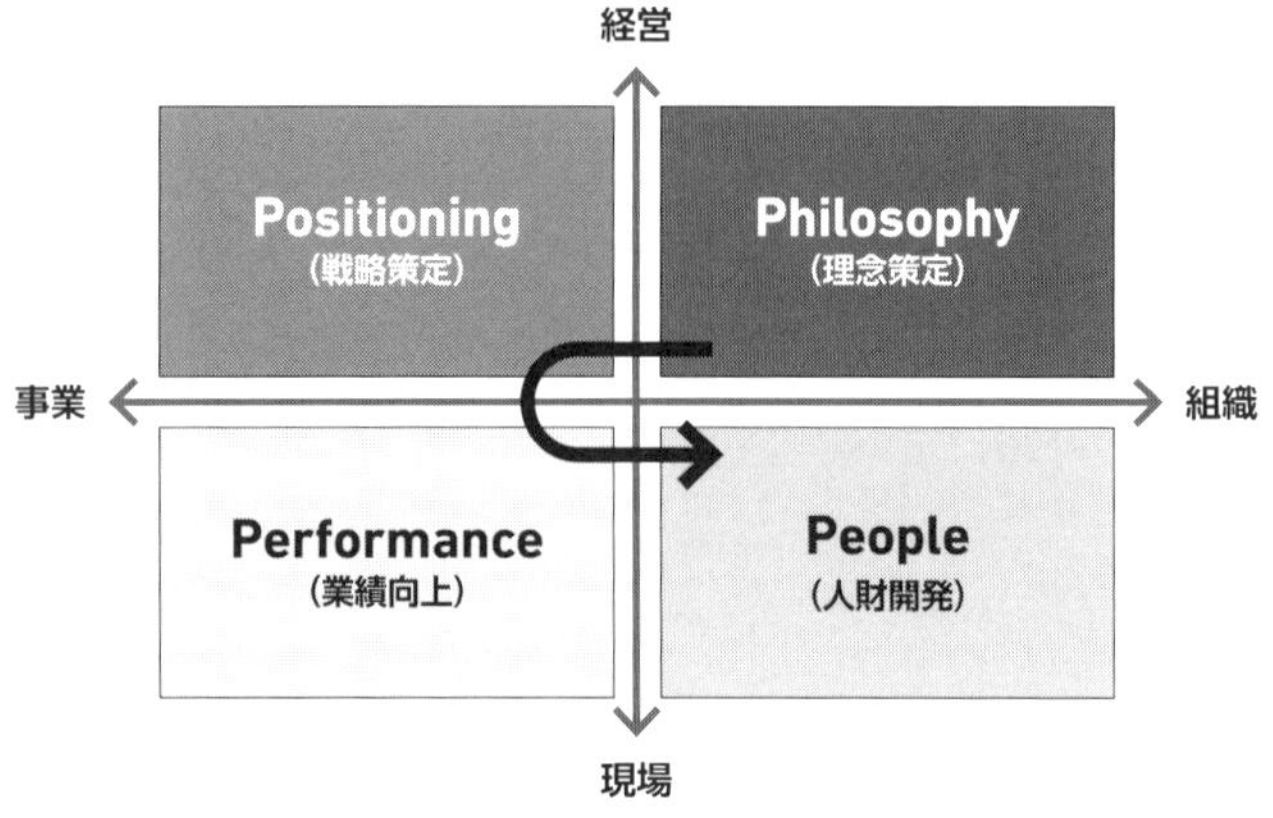

Part.4

4つのCで4Pをつなぐ「PCマトリクス」

ここまで経営の4Pを解説してきましたが、もう一歩、先に進みましょう。次に挙げる「4つのC」を押さえた、「4Pのつなぎ方」にも大きなポイントがあり、『組織X』を実現する上では非常に重要です。なぜなら、4Pそれぞれを理解しただけでは、各象限は分断されたままで問題が発生してしまいます。

- Corporate-identity：「理念と戦略を統合した、他社にはない『企業個性』」で、Philosophy⇔Positioningをつなぐもの
- Center-pin：「KGIから芯をくったKPIを抽出する『目標接続』」で、Positioning⇔Performanceをつなぐもの
- Confidence：「個別成果と全体成長を同時実現する『信頼構築』」で、Performance⇔Peopleをつなぐもの
- Commit：「組織と個人の意志を重ね合わせる『理念浸透』」で、People⇔Philosophyをつなぐもの

これら4つのCと、経営の4Pを組み合わせることでできる4象限が「PCマトリクス」であり、これらを押さえることで『組織X』は実現されます。『組織X』には、このマトリクス、格子のXという意味も含まれているのです。

第3章以降では、このPCマトリクスを使いこなす要諦を、少しでも実践しやすいよう各PとCに対し3つずつ、計24個の「Principle（原則：何を重視して考えるべきか）」にして白木から、「Case（事例：具体的なメッセでの取り組み）」を宮本からお伝えします。皆さまの組織トランスフォーメーション実現に向け、アクションリストのように活用していただけると本望です。

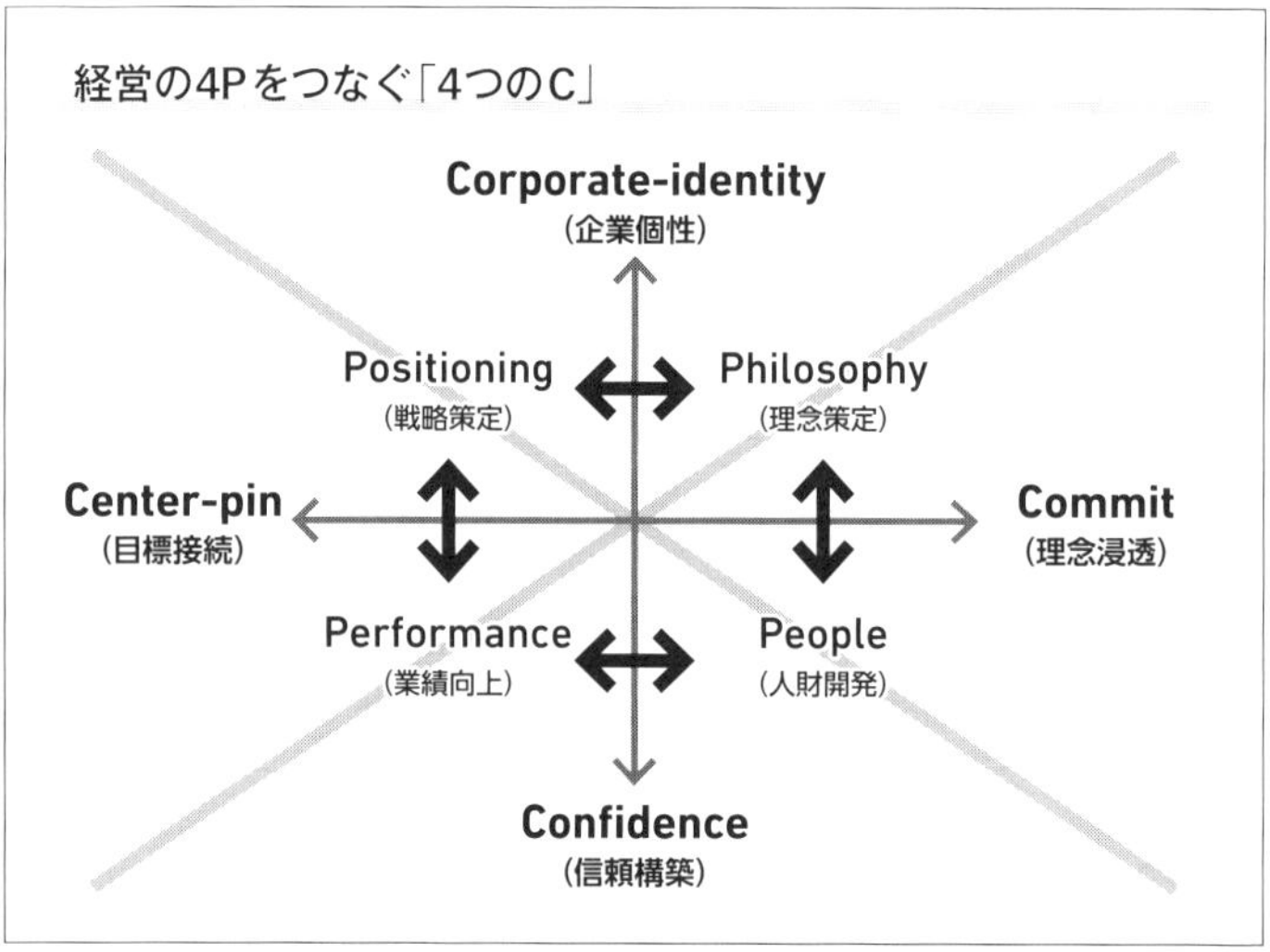

第3章

すべての道標となるPhilosophyの原則と事例

Part.1

Principle

Philosophy（理念策定）の原則

「経営理念」「理念体系」「ＭＶＶ」「パーパス」「Ｗａｙ」。いい回しは違えど、どれも同じ意味で使われることが多いでしょう。理念にまつわる言葉はさまざまあり、一度は耳にした言葉があるはずです。では、ここで質問です。

「理念は、何のために必要ですか？」

この問いにパッと答えられる方は、そう多くありません。いざ「理念を決めよう！」と思っても、何のために必要かが定まっていないと、ただの言葉遊びや他社の真似で終わってしまうケースも見受けられます。では、理念がなぜ重要なのか。それは**「会社の目的を定め、迷わないようにするため」**です。

経営陣が「何のために経営をしているのか」、なぜ自社が存在し、事業をやっているのかをはっきりと示せなければ、社員は働く意味や意義を見出すことが難しいでしょう。Philosophyの原則は、次の3つです。

・原則①Mission（経営理念）：「会社の目指す姿」を決める
・原則②Vision（経営指針）：「会社の判断基準」を決める
・原則③Value（行動指針）：「社員の判断基準」を決める

この3つを定めることで、会社としての目的が定まり、経営も現場も迷わずに突き進むことができるようになります。

これらは、いわゆるMVVと呼ばれるものですが、「この3つがどのような構造になっているか」を理解した上で策定することが、Philosophyの重要なポイントとなります。

前述した通り、理念が必要な理由は

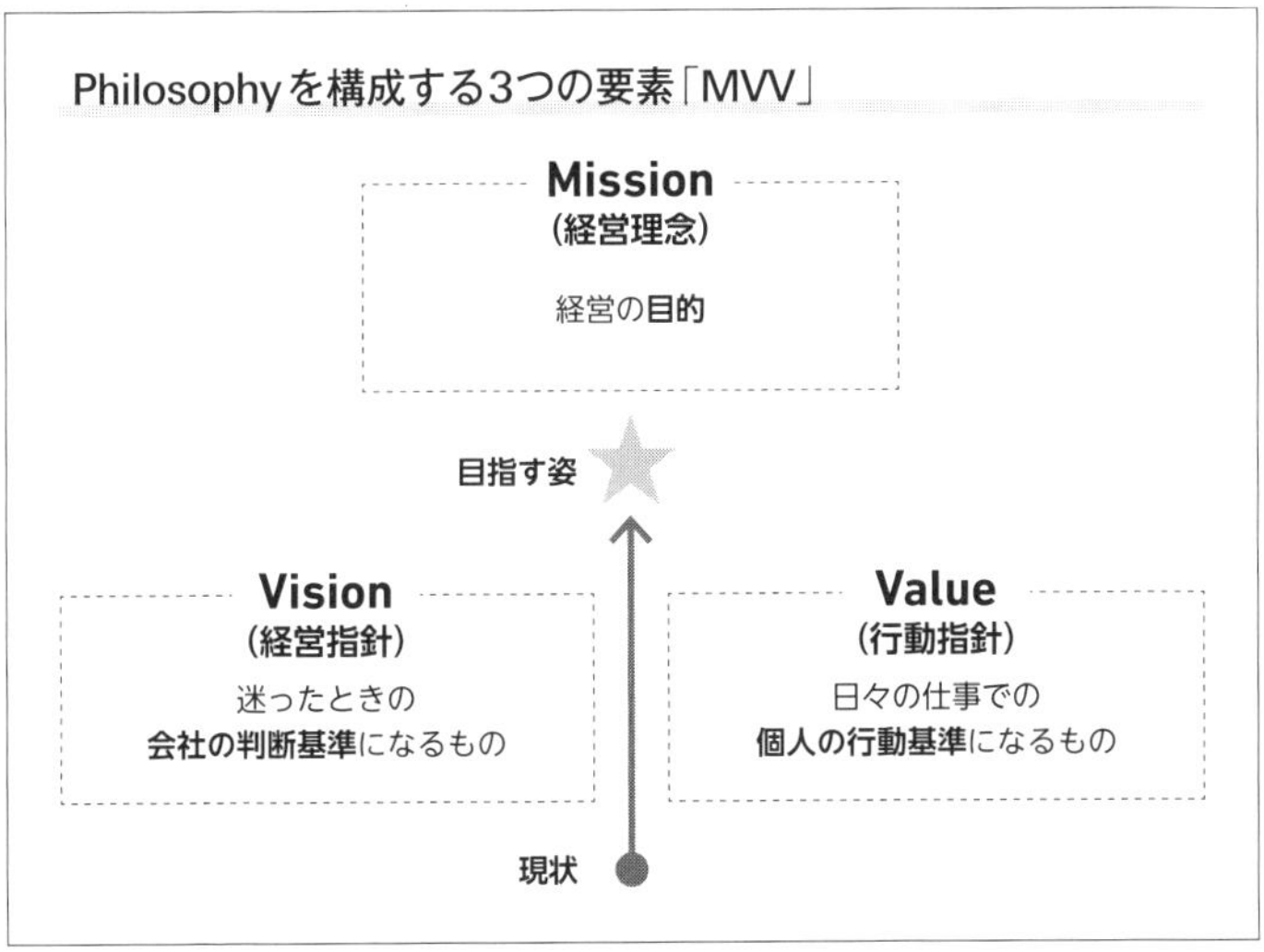

「会社の目的を定め、迷わないようにするため」。そして、その要素は**「会社の最終的に目指す姿」「会社として迷ったときの判断基準」「個人として迷ったときの判断基準」**の3つです。これら3つが明確に定まっていれば、会社としての目的を見失うことはなくなり、経営として迷ったときも、淀みなく判断をすることができるでしょう。社員が現場で迷ったときも同様で、自信を持って判断することができるようになります。

余談にはなりますが、近年、企業の不祥事が後を絶たないのは、MVVという3つの要素が本当の意味でしっかりと定められていないからではないかと考えています。特に多く見られるのは、Visonがただの数値計画になっており、会社としての判断基準になっていないケースです。このような場合は、売上や利益のためなら何でもやってもいいと、判断を誤る可能性が高くなります。

次に浮かぶ疑問はおそらく、**「どうやってMVVを策定すれば良いのか?」**でしょう。実際、多くの経営者から、理念の重要性は理解していても、定め方がわからないという声を聞きます。そこで役立つのが、次に挙げる視野を広げて俯瞰する「3つのスイッチ」という考え方です。

・時間観を広げる「タイムスイッチ」
・人間観を広げる「ロールスイッチ」
・空間観を広げる「チャンス&リスクスイッチ」

「タイムスイッチ」は、時間を「短期と長期」「過去と未来」と、相互に切り替えて思考する枠組み。経営や事業を考える際、特に利益などの数字が絡んでくると、短期的なものに目を向けてしまいがちです。

それが必要な局面もある一方、同時に長期へと目線を向けて、そこからさかのぼって考える必要もあります。例えば、「最終的に何をやりたいか」「10年後にどうなっていたいか」から逆算して、「では、今どうすべきか」を思考するのです。

「ロールスイッチ」は、立場や役割などを切り替えて考える枠組み。相手の立場になる、お客さま目線になる、などと使うものです。例えば、社員が自社商品やサービスを考える際は、お客さまの目線で見てみる。

特にBtoCビジネスであれば、実際に顧客として自社商品やサービスを利用し、体感することで、「お客さまは、なぜ自社を選んでくれているのか」を思考していきます。

「チャンス&リスクスイッチ」は、チャンスとリスクの両方に目を向ける枠組み。一般的にマイナスや無駄だと捉えられていることに、むしろ機会や利点を見出す考え方です。

例えば富士フィルムは、事業転換に成功した企業としてよく挙げられます。同社はもともと、写真フィルム事業を主力としていましたが、デジタルカメラの登場により一気に売上が減少し、斜陽になるという大きなマイナスが起こりました。しかし、そんな危機をチャンスにするた

視野を広げて俯瞰する「3つのスイッチ」

スイッチ	使い方
タイムスイッチ	「時間」を短期⇔長期、 過去⇔未来と切り替える
ロールスイッチ	立場や役割を切り替える
チャンス&リスクスイッチ	隠されたチャンスやリスクに目を向け、 チャンスの視点から現状を見る

め、自社の強みである技術力を活かして、化粧品や医薬品の分野で大きなチャンスをつかむことができたわけです。

そもそも人間は、短期的視点に縛られてしまう生き物だといえます。それは行動経済学の中で、人を支配するバイアスとして「現状維持バイアス」がもっとも強く働くといわれていることからもわかるでしょう。

つまり、基本的に人間は今の状態を維持したいと考えるものであり、変化することを拒んでしまうということです。

しかし、成長とは変化すること。それでは、いつまでも発展していきません。

そこで「3つのスイッチ」を意識することで、そうした現状維持バイアスから解き放たれ、非連続の思考をすることができるようになります。

それでは、メッセでは実際にどのようにして理念を策定したのかを、この3つのスイッチを使って見ていきましょう。

Part.2

Case

Philosophy（理念策定）の事例

理念を考える上で最初にやってみるべきことは、タイムスイッチを用いて「何のために会社をつくったのか？」と考えることです。

第1章でもお伝えした通り、メッセの場合は創業者である社長・副社長が家族を養うために会社をつくりました。やがて社員が増えると、それが「家族と社員を養うため」となり、そのために借金を返さなくてはならない。すると、「利益を追求するため」の経営へと目的が変化していったのです。

その結果、借金を完済できた一方、利益だけが目的として残ってしまい、「自立支援制度」という名のリストラを実施。これで社内の雰囲気は、急速に悪化してしまいました。

そこで私たちはやっと、真剣に〝経営の目的〟と向き合うことになります。タイムスイッチを用いて、原点である家族を養うこと、さらにはそれを昇華して、「全従業員の物心両面の幸福」が経営の目的である、と設定したのです。
これが、のちほどご紹介する経営指針の中にもある「家族のように仲間を大切にする（大家族主義）」という考えにもつながっています。

次に、ロールスイッチを用いて、「私たちは何を大切にしているのか」を考えました。すると2つの視点から、答えを出すことができたのです。1つ目は、「お客さま視点」からの答えです。メッセは今でこそ多角化経営をしていますが、もともとは遊技事業のみを行う会社でした。

ロールスイッチで事業を考えたときに、遊技事業以外にもできることがあるのではないかと考えたのです。そこで、私たちなりに遊技事業を因数分解してみると、「射幸心」×「非日常」×「居場所」と捉えることができました。その中で自分たちの特徴にもっとも合っているのは、「居場所」である。そして、小さな子どもから高齢者まで、「居場所」はどんな人にとっても絶対的に必要だと結論づけました。なぜなら、近年は特に〝孤独〟が社会問題化しており、その解決のカギを握るのは、間違いなく「居場所」の存在だからです。

こうした想いを基に、私たちは**「お客さまに居場所を提供すること」**を大切にしているのだと気づきました。

もう1つは、「社員視点」からの答えでした。キーワードは**「成長を提供する」**こと。詳細は後述しますが、私たちはアメリカの心理学者であるアブラハム・マズローの「欲求階層説」を基に、経営指針を策定しています。その中で最上級の欲求は「自己超越欲求」、すなわち「成長したい」という欲求です。

もともとは承認欲求すら満たされず、「どうせ私たちなんて……」と諦めている人が目立つ会社でしたが、実は根底では、社員の多くが「成長したい」という欲求を持っていることに気づいたので、この枠組みがフィットすると考えました。

そしてチャンス&リスクスイッチを用いて、「私たちはどのような行動を大切にしているのか」を考えました。結論からいうと、**「一番でないと生き残ることはできないので、目標は高く設定する」**ということを大切にしています。

これには、北関東時代の苦い経験が関係しているのです。

私がメッセに入社した1年後、業界大手の競合他社に勝ちたいという野望のもとに、あえて同社の店舗の目と鼻の先に出店しました。私はそこで店長を務めたのですが、目の前にある競合店は、徹底抗戦の構えです。結果的には激しい闘いの末、私たちはその店舗から撤退することを決めました。

この体験から、一番でないと生き残れないから、目標をもっと高く設定しなければと学んだわけです。

こうして3つのスイッチを用いたことで、次のような考えが見つかりました。

「社員や組織を大切にするべきだということ」
「お客さまに居場所を提供することが、私たちの役割だということ」
「社員がメッセで働くことで、成長を得られるということ」
「何事も一番という目標を掲げることが重要だということ」

これらを経営や日々の業務でしっかり実現できるよう、経営理念に盛り込んでいきました。

ここからは、MVVというフレームワークに沿って、策定のポイントを見ていきます。

Missionは「メッセの経営理念」

経営理念（Mission）は「最終的にありたい姿」を言語化するものなので、ポイントは**「究極の状況を〝極論〟で考えて見つけ出す」**ことです。私は何かの目的を明確にする際、「その対象をなくしてしまったらどうなるか」を考えるようにしています。

同様に、当社の経営理念を策定したときは、「メッセがなくなったら、誰が困るのか」と考えました。そうしてたどり着いた結論は、会社がなくなって一番困るのは、お客さまよりも前に、働いている社員とその家族、そして経営層なのだということ。

だからこそ、事業か組織のどちらかを選ぶのであれば、組織を重視して経営すべきだという思いに至ったわけです。そして、その私たちが存在しているのは人類社会のおかげなので、そこに対しても恩返しをする。つまり、メッセは**「社員の幸せが第一であること」「関わるすべての人に貢献し、社会を良くしたいということ」**の2つが経営の目的となります。

そのようにして策定したのが、次の経営理念です。

「私たちは、全従業員の物心両面の幸福を実現し、人類社会の進歩発展に貢献します」

ここではあえて、事業についてはまったく述べていません。メッセとして、大切にしたいものだけに触れています。つまり、経営を組織（対社員）と事業（対顧客）に分けて、かつ「組織≧事業」であると明確にしたのです。

もちろん、どちらも大事なのは当然なのですが、社員が幸せを感じながら働いていない限り、お客さまを満足させられない、ひいては事業も成功しないと考えたため、このような経営理念を策定しました。

Visionは「メッセの経営指針」

経営指針（Vision）は「会社の判断基準」なので、ポイントは**「経営として迷ったときに、拠り所となるもの」を言葉にする**ことです。

メッセでは過去の経験から、「迷ったときに判断して、結果として良かったこと」を洗い出していき、最終的には次のように経営指針を整理しました。

	地域住民	産業従事者	日本在住者
	地域の方々が 成長する 街にします	働く方々が 成長する 産業にします	日本に住む方々が 成長する 国にします
	地域の方々が 個性輝く 街にします	働く方々が 個性輝く 産業にします	日本に住む方々が 個性輝く 国にします
	地域の方々が 誇れる 街にします	働く方々が 誇れる 産業にします	日本に住む方々が 誇れる 国にします
	家族のように 仲間を 大切にします	―	―
	地域の方々が 安心して暮らせる 街にします	―	―
	地域の方々が 永く暮らせる 街にします	―	―

メッセの経営指針

	従業員	顧客
⑥ **自己超越**	仲間が 成長する 会社にします	お客さまが 成長する 店にします
⑤ **自己実現**	仲間が 個性輝く 会社にします	お客さまが 個性輝く 店にします
④ **承認**	仲間が 誇れる 会社にします	お客さまが 誇れる 店にします
③ **集団**	家族のように 仲間を 大切にします	家族のように 仲間を 大切にします
② **安心**	仲間が 安心して働ける 会社にします	お客さまが 安心して楽しめる 店にします
① **生存**	仲間が 永く働ける 会社にします	お客さまが 永く楽しめる 店にします

これは先に述べた「欲求階層説」をベースにし、従業員／顧客／地域住民／産業従事者／日本在住者に対して、それぞれの欲求において何を大切にするかを表しています。これを社員の視点で見ると、メッセという会社に所属すれば、低次の欲求（生存・安心）から高次の欲求（自己実現・成長）まで満たすことができ、幸せになれるということがわかるわけです。

この経営指針は、「経営として迷ったときに、どちらを取るべきか」の判断基準となります。例えば、部下が「〇〇をやりたい」といってきたとき、短期的な成果が不明だと迷うでしょう。しかし、経営指針に照らして長期的に考えれば、仲間（部下）の成長につながりそうだからやってみようとなるわけです。

Valueは「メッセの行動指針」

行動指針（Value）は「個人の判断基準」なので、ポイントは**「現場が迷いなく突き進み、勝つための要素」を言葉にする**ことです。メッセは過去の経験から、「他社との競争に打ち勝ち、お客さまから選ばれてきた要素」を洗い出していき、最終的には次のように行動指針を整理しました。

メッセの行動指針

Plan	①目標を高く	自分たちの成長を、 人生最大の目的とし、設定する
	②整理する	経営理念、経営指針の実現に、 必要なこと以外捨てる
	③整頓する	必要なことを優先順に並べ、 その順に計画する
Do	④即座に時間最小で	決めたことは 即座に時間最小で実行する
	⑤組織で最後まで	お互いの強みを活かし 弱みを補い完遂する
Check	⑥明るく前向きに	成長をグッド、 ノビシロをモアで確認する
Action	⑦謙虚で素直に	あるべき姿と現状の差分を 謙虚に受け止め、素直に王道へ変化する

この図からもわかる通り、行動指針はPDCAサイクルをベースにしています。社員一人ひとりが迷いなく改善を続け、突き進める要素を明確な言葉にしているのです。

経営指針が会社の判断基準であるのに対し、行動指針は社員の判断基準となります。その表しているものも同様で、「個人として迷ったときに、どちらを取るべきか」ということ。

例えば、仕事が一気に増えたとき、何から手をつけて良いかわからなくなったとしましょう。とりあえず、すぐに完了するものから始める人もいれば、頭を悩ませるものから片づけたい人もいます。なかには、もうお手上げ状態になってしまうケースもあるかもしれません。

そうした際にメッセでは、「整理する」「整頓する」という2つの行動指針を用いて考えるのです。「それは本当に、経営理念や経営指針達成のために必要なのか」を整理し、「必要な仕事は優先順位を明確にして、その順番に計画する」という風に整頓する。こうすることによって、迷って手を止めることなく、あるいは誤った判断をすることなく、突き進んでいけるというわけです。

第4章

顧客価値を定める Positioningの原則と事例

Part.1

Principle

Positioning（戦略策定）の原則

本章ではPositioning（戦略策定）に関して、お話ししていきます。これは事業戦略を明確化し、勝ち筋を明らかにすることにつながります。「なぜ組織について書かれた本で、事業戦略に触れるのか」を、まずは説明しましょう。

それはLMでよく使われる、**「事業と組織はコインの表裏」**という言葉に集約されています。すなわち、事業と組織は互いに影響を与え合う関係にあり、どちらかが疎かになるとバランスを欠いてしまうということです。詳しくは、この後のPart．2で述べますが、メッセがエンゲージメント日本一3連覇を取った要因には、実は事業成長が大きく関わっていたと考えています。

「事業成長を優先し、組織が軽視され、結果として組織崩壊が起きる」というケースは、いわゆる売上至上主義、利益至上主義の会社によく見られる現象です。しかし、組織開発ばかりが熱心になされ、事業が優先されないという逆の場合も往々にして起こります。これもまた、大きな問題でしょう。なぜなら、「お客さまを見ずに、社員ばかり見ている」ということになるからです。

そうなってしまうと、顧客を蔑ろにしていることは当然、お客さまにも伝わります。これは事業の停滞につながり、その結果、組織が縮小していくのです。だからこそ、最高の組織をつくるためには、コインの表裏となる最高の事業も必要となります。ただし、本書は事業戦略の専門書ではないため、詳細はそちらに譲り、「最高の組織づくりのために、押さえるべきポイント」に絞ってお伝えしましょう。

事業戦略を策定するフレームとしては、もっとも普及している「3C分析」(Company：自社、Competitor：競合、Customer：顧客)を用います。有名なフレームワークですが、意外と「3C分析の目的」について、明快に語れる方は多くありません。端的にいうと、**競合よりも「優位な違い（差別性）」をつくり、自社ならではの「らしさ（独自性）」を活かして、お客さまから「選ばれる理由（顧客価値）」を明確化する**ことです。これによって、PhilosophyやPerformanceとのつながりがはっきりし、より的確な事業方針や組織方針を打ち出すことが可能となります。では、ポイントと具体例を見ていきましょう。

・原則④ 差別性：競合に勝ち続ける「違い」を見つける
・原則⑤ 独自性：自社にしかない「らしさ」を見つける
・原則⑥ 顧客価値：「顧客から選ばれる理由」を明確化する

差別性とは、競合の商品サービスにはない、自社商品サービスの強みや特徴のことです。自社を競合他社と比較したときにナンバーワンになる、つまり程度（How）の違いを表し、数字などの論理で選ばれることを目指します。差別性を発見する際は、「お客さまが最初に、競合よりも自社を選ぼうとしてくれる、他社との『違い』とは何か？」という問いに答えます。

例えば、ファストフードチェーンのモスバーガーは、業界最大手のマクドナルドと差別化するために「高価格な分、高品質」というポジションを確保し、コストをかけてでも商品のおいしさで優位に立つことに注力しているわけです。

独自性とは、その企業が持つ独自の強みのことで、企業ブランドのアイデンティティともいえるもの。自社とは異なる業界の会社と比較してもオンリーワンになる、つまり種類（What）の違いを表し、愛着などの感情で選ばれることを目指します。独自性を発見する際は、「お客さまが最終的に自社を選んでくれる、自分たち『らしさ』とは何か？」という問いに答えます。

例えば、エナジードリンクのレッドブルは、多くの類似商品が疲労回復というマイナスからの好転をアピールする中、「レッドブル、翼をさずける」というフレーズで、強いプラスのイメージを前面に押し出し、独自性を発揮しているのです。

こうして明らかにした差別性、独自性を基に、**「お客様から選ばれる理由」**を**言語化**していきます。なぜ、この工程が必要かというと、差別性や独自性は、どうしても「自社視点」で考えてしまうこ

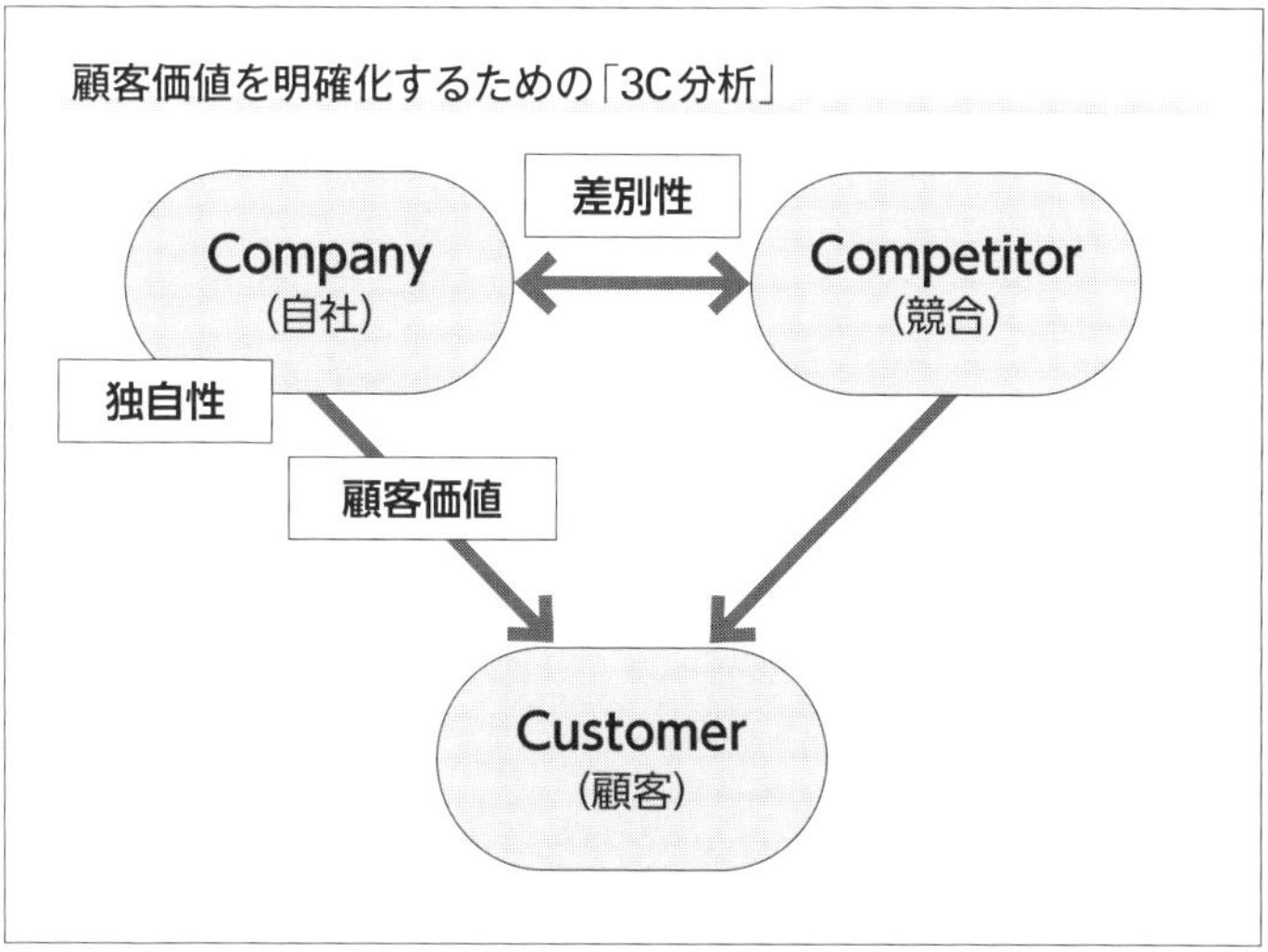

とが多いからです。自社視点で発見した強みを、顧客にとっての価値に変換してはじめて、お客さまに選んでいただくことができます。

その際のポイントは、「ドリルを売るのではなく、穴を売る」を意識すること。これはマーケティング業界でよく使われる言葉で、「商品を売るには、顧客にとっての『価値』から考えよ」という意味です。例えば、工務店を訪れたお客さまが、買いたいドリルの有無を店員にたずねたとします。しかし該当する商品はなく、店員は「品切れです」と回答しました。すると、お客さまは何も買わずに帰ってしまいます。

そうではなく、「何をするためにドリルが必要か」と理由を聞けば、もしかしたら別の商品で役割を果たせるかもしれません。お客さまは「ドリルを買う」ことが目的ではなく、「穴を開けること」を望んでいるのです。

これこそ、商品を売るには**「顧客にとっての価値」から考えよ**、ということ。私たちはつい、売り手側の視点で考えがちですが、まずは「顧客価値」から考えることが大切なのです。

Part.2

Case

Positioning（戦略策定）の事例

差別性は「近くて広い」

まず、メッセの「違い（差別性）」は何か。実は、これは最初からあったものではなく、苦渋の経験から「つくり出した違い」でした。かつて北関東に出店していた際、超大手と競合して気づいたことがあります。それは遊技事業が、実は不動産事業であり、「立地が良い」「広い土地を所有している」の2点が、勝負のほとんどを決めるということです。当時、ちょうど北関東の人口が減少してきたこともあり、私たちは東京に店舗を集中させることを決めました。そこで確実に、競合に勝てる良い立地ということで選んだのが「中央線沿線」です。

遊技事業の場合、大規模な店舗であるほど集客も多く期待できるので、人口密集地である中央線沿線は、特に店舗展開に適していると考えています。そして、それから約10年をかけて、東京の一等地にある広大な土地を取得していきました。

つまり、メッセの差別性は「東京×広域大規模×一等地」の土地を持っていることなのです。

独自性は「心地良い」

メッセの「らしさ（独自性）」とは何か。世の中のいわゆる一流企業と比べても、負けないように伸ばせるものは何かと考えたときに、「素直な社員たち」だと考えました。当社で働く社員は、一流企業の方と比べると「能力」では劣っているかもしれません。しかし、会社の理念をきちんと理解して、それを成し遂げるための行動を、全員が素直に実践してくれているというところに、大きな特徴があります。

そして、その素直な社員が、目に見える形で世の中へ価値提供できるもの。すなわち、それがメッセの独自性であり、「居心地の良さ（居場所を感じられる）」だったのです。現代はさまざまなものがデジタル化・機械化され、私たちの生活は確実に便利かつ快適になってきています。その一方で、他者との接触を極力減らすことを余儀なくされたコロナ禍では、多くの人が「つながり」や「居場所」の大切さを実感されたでしょう。私は、生身の人と触れ合うことに喜びを感じる瞬間をつくっていくことが、人間には自然なことのように思います。だからこそメッセでは、リアルの世界で「居心地の良さ」をお客さまに提供する。抜群に素直な私たちなら、それができると考えています。

顧客価値は「近くて広くて心地良い」

お客さまは、どんな居場所であれば利用したいと思ってくれるか。そこから導き出したキーワードが、「近い」「広い」「心地良い」の3つです。「近い」は駅前、「広い」は大規模で、この2つは前項の「差別性」にもつながります。これらは駅前の大規模不動産を所有できた時点で、すでに得られた価値でした。私たちにとって肝心なのは、最後の「心地良い」をいかに生み出していくかということです。

他社にはできない、私たちだけにしかつくれない価値。それは「生身の良さ」を知っていること。対面でしっかりとコミュニケーションをとれる社員が、店舗にしっかりと揃っている。そこから生み出されるお客さまとの触れ合いは、明らかに顧客にとっての価値になります。

例えば、ある店舗では父の日や母の日などに、遊技しているお客さまへ餡などのちょっとした贈り物と手づくりのカードを渡しています。なかには店舗スタッフを下の名前で呼んでくれる常連のお客さまもいて、心と心をつなぐ温かい接遇が、お客さまが求める「心地良い」空間をつくり出しているのです。

こうした「心地良い」ことが求められている背景には、デジタル化の急速な進行があることは間違いないでしょう。SNSでつながっているように見えても、実際には一瞬で消去できてしまうような、心細い関係性が増えているように感じます。物理的な接触がないばかりでなく、心と心の触れ合いも希薄になってきている。だからこそ、フィジカルな体験を求める人々が増えており、その揺り戻しはこれからもっと進むはずです。デジタル化が進む世の中だからこそ、これからも生身の人が接することに注力して、温もりのある居場所をつくっていきたい――。これこそがお客さまへの価値提供につながると同時に、私たちメッセだからこそできることだと確信しています。

第5章

現場自律を生み出すPerformanceの原則と事例

Part.1

Principle

Performance（業績向上）の原則

Performance（業績向上）とは、ＰＤＣＡサイクルを回し、各現場で成果を上げることを指します。あらためて説明するまでもないかもしれませんが、ＰＤＣＡとは、Plan（計画）、Do（実行）、Check（評価）、Action（改善）の4つからなるフレームワークです。ビジネスパーソンであれば当たり前に使っていると思いますが、実はしっかりと使いこなせている人は、そう多くはないと考えています。その理由は、ＰＤＣＡを「具体的にイメージできていない」からです。例えば、皆さんはＰＤＣＡを図解することができるでしょうか？

図を基にＰＤＣＡを細かく説明すると、Planは縦軸に成果、横軸に時間を取ったとき、定められた目標と現状の間を一定期間でつなぐ矢印を指します。Doは目標に向かって実践した矢印の傾き、Checkはその途中時点における目標との差分を明確化したもの、Actionは目標にたどり着くために、軌道修正の矢印を引き直したものです。

この図の場合はDoがPlanを下回っていますが、DoがPlanを上回った場合には、目標を上方修正する図解となります。このように図でイメージできると、自然と「良いＰＤＣＡとは何か？」が浮かび上がってくるでしょう。その条件は、次の３点です。

・条件①：Planが振り返り可能な目標であること
・条件②：Doの傾きを高める工夫があること
・条件③：Check & Actionの軌道修正が都度なされること

皆さんが普段使っているＰＤＣＡと比

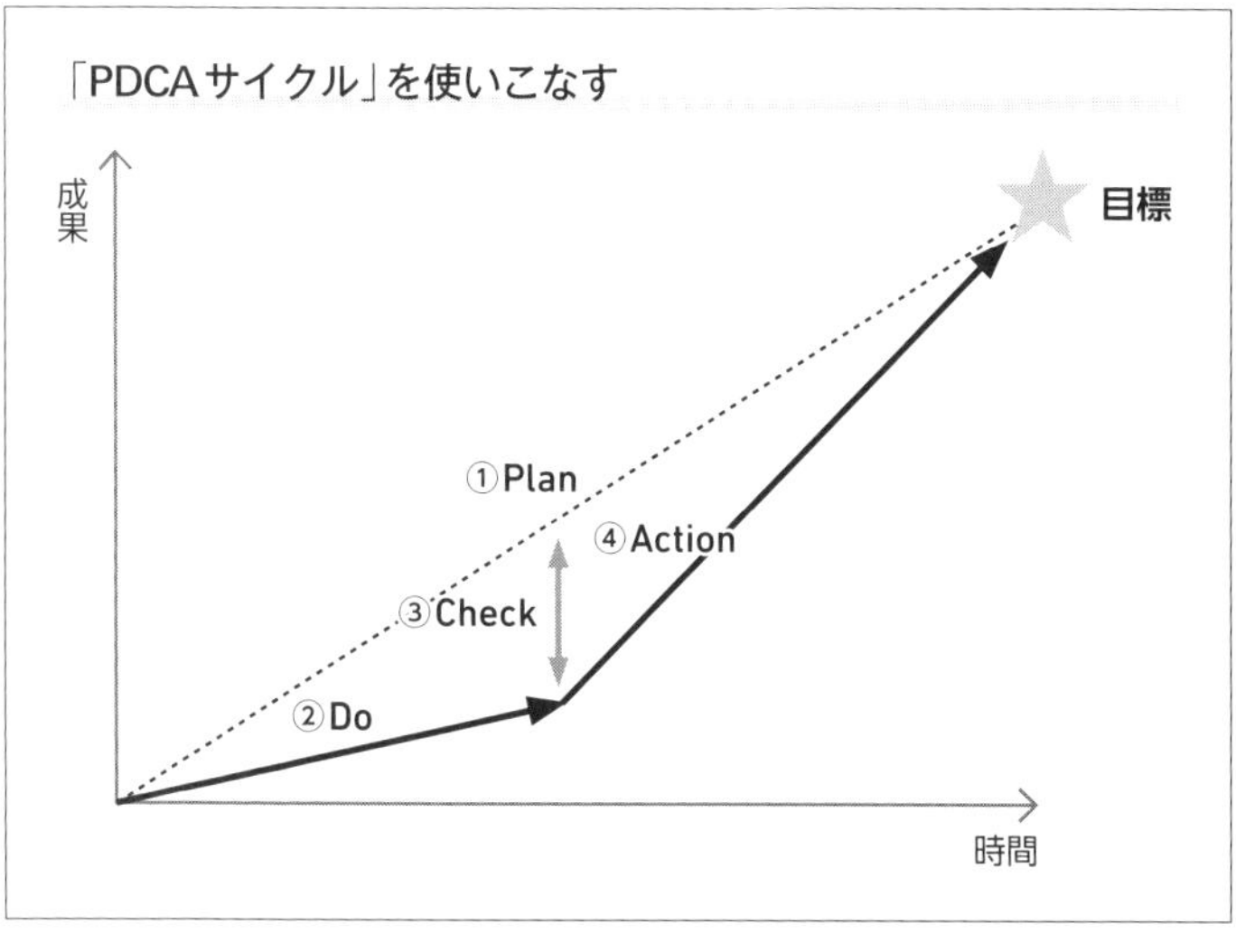

較して、いかがでしょうか。これらをすべて達成してはじめて、PDCAを使いこなせているということができます。

それぞれに散見する、誤った例を挙げておきましょう。①では、目標しか提示されておらず、途中で振り返ることができないPlanの設定になりがちです。②はマネジメント層がDoに関与せず、感覚や根性論で実行させようとするケースが多いでしょう。③については、設定した節目にただ振り返るだけで、その時点における問題解決がなされない、あるいは先延ばしになっているのです。

これらを『組織X』の原則に当てはめると、次のようになります。

- 原則⑦ Plan：測って刻んで「可視化」する
- 原則⑧ Do：絞ってすぐやり「高速化」する
- 原則⑨ Check & Action：決めて逃さず「完遂化」する

Planの「可視化」は「**数値にして測れるようにする**」と、「**ステップにして途中経過を刻めるようにする**」がポイントです。現場改善のプロフェッショナルである遠藤功氏の著書『見える化』（東洋経済新報社）でも、「強い企業はさまざまなものが可視化されて見えている」と述べられています。

その際、「SMARTの観点」というフレームワークに沿って、Measurable（測定可能）でTime-bound（時限設定）できるものにすることが重要です。

Doの**「高速化」**は**「やることを絞って、やり切れるようにする」**と、**「すぐに着手して何度もやる」**がポイントです。社員の能力が短期間で劇的に向上することは、ほとんどありません。いかに「早くからたくさん」やるかが、Doをマネジメントする上では大切なのです。

やることを絞るのは、Appleの創業者であるスティーブ・ジョブズ氏も「何を

「SMARTの観点」でPlanを設定する

Specific ＝具体的か？

Measurable ＝測定できるか？

Achievable ＝達成可能か？

Reasonable ＝組織目標に沿っているか？

Time-bound ＝納期・スケジュールがあるか？

しないのかを決めるのは、何をするのかを決めるのと同じくらい大事だ」と述べています。本当に大切なことや集中すべきことを、徹底的に突き詰めて実行することで、限られた時間の中で最大限の成果を出せるようになるのです。

また、すぐに着手するのは、ソフトバンクグループの代表である孫正義氏が意思決定の際に採用している、「ファーストチェス理論」でも述べられています。これはチェスで名人が対局を行う際、「5秒で考えた打ち手」と「30分熟考した打ち手」のうち、86％は同じになるという理論のことです。転じて、即決して動いたほうが良いという意味で、よく使われています。つまり、5秒で考えられる結論に対して、あれこれと悩むのをやめることで、限りある時間という資源を最大限に有効活用できるという考え方です。

Check & Actionの**「完遂化」**は**「会議を問題解決型にする」**と**「やり切るまで追い切る」**がポイント。ＰＤＣＡや生産性向上を語る上で、「会議の効率化」は切っても切り離せないテーマなので、少し話は脱線しますが、ここで触れておきましょう。

世の中の会議を分類すると、「情報共有」「意思決定」「思考発散」「問題解決」

の4つに類型化されます。このうち、特に日本企業では「情報共有」の会議が圧倒的に多く、生産性を低くする原因となっているのです。

現代においては、デジタルコミュニケーションツールを使えば、わざわざ会議をしなくてもビジネスが進むようになってきました。また、「意思決定」は会議ではなく、人に権限を紐づけて即時に実行できるようにするケースが増えてきています。こちらも情報共有と同様、デジタルコミュニケーションツールを使用すれば、わざわざ会議をする必要はないでしょう。

つまり会議は、「思考発散」か「問題解決」に時間を割くべきなのです。特にP

会議体の4類型

情報共有型	【目的】決定事項を参加者に共有する 【特徴】● 決定事項や指示命令の伝達 ● 一方向的な進行になりやすい	▶ **朝礼**
思考発散型	【目的】アイディアや解決策を出し合い、アウトプットするための材料を集める 【特徴】● ブレインストーミングとも呼ばれる ● 全員参加型で議論を進める	▶ **企画会議**
意思決定型	【目的】決議が必要な事項について、意見を交換後に結論を出す 【特徴】● 最終決定者が一人で決定することもあれば、合議制の場合もある	▶ **経営会議**
問題解決型	【目的】参加者が持ち寄る問題を解決する 【特徴】● 問題発見からその解決策まで1回の会議で取り扱うため、運用の難易度が高い	**軌道修正を促すために有効な形式** ▶ **営業定例会議**

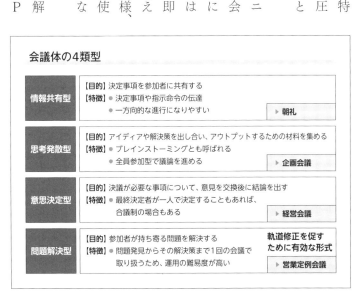

DCAを効果的に回して生産性を向上させるには、いかに「問題解決」型の会議を増やすかが肝要でしょう。ただし、会議は時間が限られているため、その場ですべての問題を解決できるわけではありません。だからこそ、やり切るまで追い切ることが不可欠です。「責任者」と「期限」を明示したToDoリストをつくり、次の会議で確認するだけで、完遂率は飛躍的に向上します。

以上がPDCAの原則です。最後に応用編ですが、「PDCAを回すムードづくり」について、非常に重要なことがあります。それは「『経営管理』を重視し、『厳しく深刻に』」ではなく、**「『現場自律』を重視し、『明るく前向きに』」**サイクルを回すことです。経営側が厳しく管理すれば、引き締まって一時的には結果が出るかもしれません。しかし、やらされ感から、すぐに現場は疲弊してしまい、決して長くは続かないでしょう。一方、現場の自律性を引き出すことを重視すると、最初は時間がかかっても主体的にがんばりが長続きするため、長期的な結果に大きな差が出てくるのです。

この「現場自律」について、メッセでの取り組みは大変優れており、学ぶべき点が多くあります。

Part.2

Case

Performance（業績向上）の事例

会議のときに、詰めた／詰められたという経験があるビジネスパーソンは多いでしょう。一般的にＰＤＣＡは「暗く後ろ向きに」回しがちですが、メッセでは**「明るく前向きに」回す**ことを最重要視しています。実は私たちもＬＭと蓮托生になる前までは、「暗く後ろ向きに」ＰＤＣＡを回していました。しかし、「明るく前向きに」回すことで、社内の雰囲気はがらりと変わり、結果も出るようになったのです。ですから、「明るく前向き」というキーワードを念頭に置いて、メッセの事例を見てみてください。

Planは「過去より良くする」

メッセで数値計画を立てる際は、「過去より良くする」をキーワードに目標設定をしています。今や社内では、「過去より良くするのは当たり前だし、そのほうが成長できて楽しいよね」という会話がなされるほどです。

ちなみに私は、現場が過去比で成長計画を立てられない場合、経営に責任があると考えています。それは経営側が、「成長できない環境を現場に与えてしまっている」ことと同義だからです。そのような事業や業務には問題があり、整理対象かもしれないと問いを立てるようにしています。

また、この手法を自然に実行できるよう、評価を工夫することも肝要です。メッセでは「目標を達成したかどうか」ではなく、「過去比較でどれだけ成長したか」の評価比重を大きくしています。これによって目標を達成できていなくても、過去から成長していれば、評価が極端に下がらないようにしているわけです。

このような評価方法にすることで、「目標達成と過去成長、どちらも大事だが、過去成長のほうがより大切」という考え方を醸成することにつながります。結果として、「過去比で高い目標を設定するのは当たり前」という状況をつくれているのです。

Doは「即断即行」

メッセでは何かを進める際、「0秒で決定し、実行する」をキーワードにしています。これは瞬時に決めるということを、意識づけるための合言葉。ファーストチェス理論の通り、何をするか悩んでいる時間を最小化し、どんどん実行していったほうが良いと考えているからです。

特に期限がある仕事については、「20点で良いので、何度も出そう」と伝えています。一発で100点を出す完璧な計画を入念に立てて、期限ギリギリに実行するよりも、まずは20点でもアウトプットして、そこから徐々に良くしていく。そのほうが、最終的な結果も良いのです。

これはシステム開発の現場などでよく使われる、「ウォーターフォール」ではなく「アジャイル」という考え方を基にしています。社会状況がどんどん変わっていく今の時代は、アジャイル型で仕事をするのが非常に重要だと思います。

その際、決裁者や意思決定者のスピード感も大切です。「次会ったときに報告して」や「会議でまとめてくれ」など、確認する側が寝かせてしまうと、せっかくのスピードが無駄になってしまう。だからメッセでは、決裁する側も「0秒で決定する」ことを重視しています。具体的には直接会うタイミングや会議などの場を待たず、デジタルチャットでの報告、即断を推奨しているのです。

また、小さくても良いので「できた」ことを積み重ね、組織の中に流れを生み出していくことを大切でしょう。これは「臨界点」という社会学の理論を参考にしており、集団が勢いを持って動き出すには、そのうち約3割の人が動くことが必要で、以降はその流れが一気に集団内を広がっていくという考え方のこと。なので経営視点では、組織の中でいかに小さな成功体験を多く積んでもらうかを、強く意識しているのです。

Check & Actionのポイントは「Good／More」

私たちは楽しくやり切るために、「Good／More」というキーワードを活用しています。これは何かを振り返るとき、「過去と比較して良くなった点（Good）」と「目標に向けての伸びしろ（More）」の順で考えること。その逆が多くの企業に見られる「Ｂａｄ／Ｎｏ」で、「できていないこと（Ｂａｄ）」を指摘し、「いかにこれまでの取り組みが良くないか（Ｎｏ）」を伝えるもの。

実はここが、Check & Actionの重要ポイントとなります。「経営管理」という立場では、どうしても「Ｂａｄ／Ｎｏ」の視点で不足が目についてしまい、「暗く後ろ向き」な振り返りになりがちです。「Ｇｏｏｄ／Ｍｏｒｅ」の視点で見れば、良くなったことに目が行き、「明るく前向き」な「現場自律」につながるでしょう。

かくいうメッセも以前は、Ｂａｄ／Ｎｏで振り返りを行っていました。つまり、一方的に否定の言葉だけを投げかけていたのです。すると会議の場はどんどん暗

「Good／More」と「Bad／No」

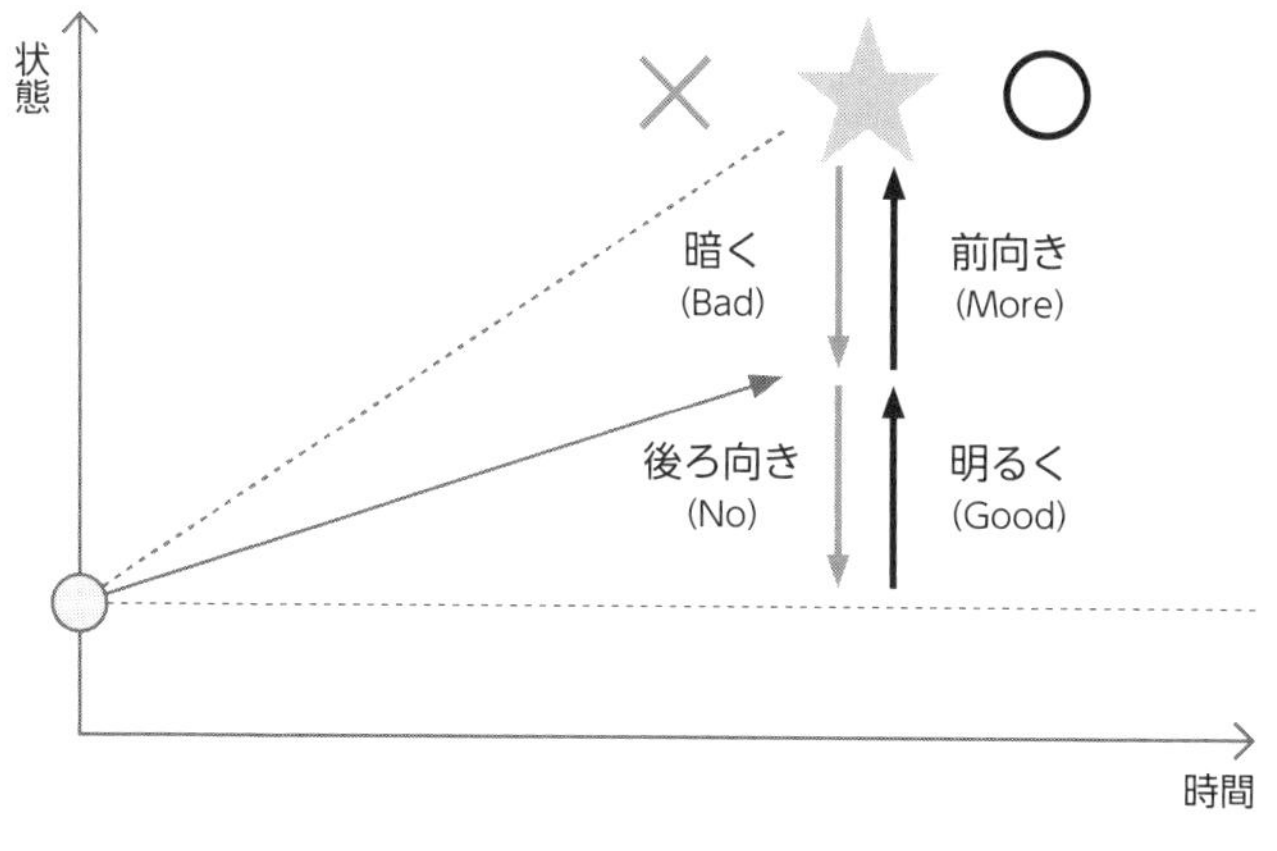

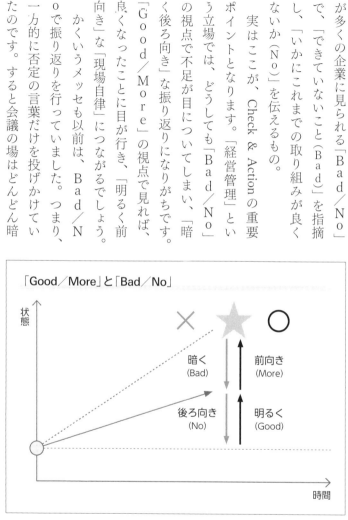

くなり、ムードが沈んでいきます。

しかし、Ｇｏｏｄ／Ｍｏｒｅを用いるようになると、振り返りが明るい雰囲気になって、否定的な言葉が一切出なくなりました。「不足ではなく伸びしろなんだ」と全員が感じるようになったのでしょう。このＧｏｏｄ／Ｍｏｒｅは、ＬＭからメッセが教わった考え方の中でも、特に組織変革へ大きく寄与した、素晴らしいものだと思っています。

また、完遂という意味では、私たちは「問題解決」型の会議にもっとも重きを置いているのも特徴です。ここでは問題をヒトとコトに切り分け、決して犯人探しはしないようにしています。

その背景にあるのは、心理学の「スニーキー・プー（問題の外在化）」という考え方です。簡単にいうと、問題は個人のせいではなく、組織や環境に起因しているということ。これを個人に原因があると考えると、問題の所在を特定の誰かに押しつけるだけで、問題自体は解決されないままになってしまいます。そうではなく、組織や環境に理由があると捉えれば、建設的な話し合いをでき、しっかりと問題解決につながるのです。

第6章

個性を発揚させるPeopleの原則と事例

Part.1

Principle

People（人財開発）の原則

People（人財開発）は社員の個性を発揚させ、一人ひとりの力を最大限に発揮させることへつながるため、企業の根幹をなす、非常に重要な領域だといえます。かの福沢諭吉氏も、「人材開発の要諦は、付け加えることよりも、削り出し磨き上げること」と述べているほど、人財開発において個性発揮は重要です。この領域を考えるフレームワークは「Will／Can／Must」。通常、社員一人ひとりの面談シートなどで使われることが多い考え方ですが、ここでは次のように定義して、社員全員の個性を発揚させる仕組みとして捉えていきます。

・Will（やりたいこと）：キャリア開発
・Can（できること）：人財育成
・Must（やるべきこと）：人事制度

組織としてのＷｉｌｌ／Ｃａｎ／Ｍｕｓｔをふくらませる仕組みを整え、その上で一人ひとりのＷｉｌｌ／Ｃａｎ／Ｍｕｓｔをいかに最大化するか。そして、３つの重なりをどれだけ大きくするかが、Peopleの要諦となります。

その詳細をお伝えする上で、大切な前提を１つ確認しておきましょう。

それは**「３つの重なりが大きいほど、個性が発揮される」**ということです。裏を返せば、３つの重なりが小さいと、それぞれの円がいくら大きかったとしても、個性は発揮されません。

例えばＷｉｌｌがある社員でも、それ

人財開発のカギを握る「Will／Can／Must」

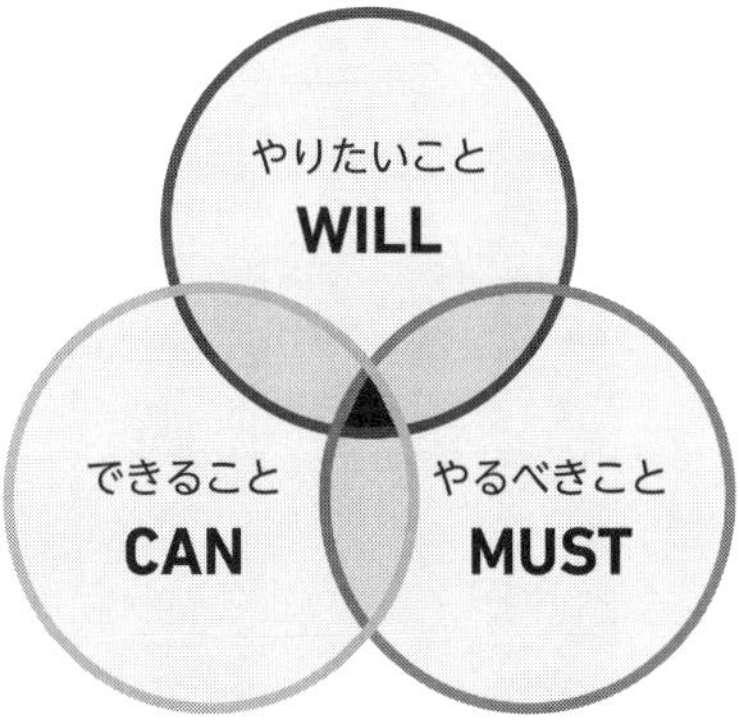

がCan／Mustと重なっていなければ、その会社で活躍することは難しいでしょう。他方、CanとMustが大きく重なっていても、Willがなければ、その人の個性が輝くことは決してありません。

性別や年齢、国籍などを問わず、キラキラと輝きながら活躍する人財をいかにつくり出せるか。青臭いかもしれませんが、これこそ経営者として得る大きな喜びの1つであると考えています。

Peopleは、経営の4Pにおいて最後に考えるものなので、重要度が低いかというと、決してそんなことはありません。他のPと同様に大切な領域です。それでは、Will／Can／Mustを最大化する『組織X』の原則を、しっかりと見ていきましょう。

- 原則⑩ Will：会社方針に個人の「未来キャリア」を重ねる
- 原則⑪ Can：「全員共通」のポータブルスキルを段階化する
- 原則⑫ Must：会社が求める人財を「制度表明」する

Ｗｉｌｌ／Ｃａｎ／Ｍｕｓｔを最大化するには、ＬＭが提唱するフレームワーク「モチベーション効果」を使います。モチベーション効果とは、変化を生み出していく際に活用する、組織変革のさまざまな技術です。個人にとって、働く上で自分の個性が活かされるとなれば、自ずとモチベーションが上がり、組織の成長にもつながるのです。

ここでは、なかでも代表的な3つ、Ｗｉｌｌには「ラダー効果」、Ｃａｎには「マイルストーン効果」、Ｍｕｓｔには「コミットメント効果」を使いましょう。本パートではそれぞれの概要を説明し、より詳しい解説は、メッセの事例パートでお伝えします。

ラダー効果とは、はしごをのぼっていくかのように視点の抽象度を高めていき、業務を「行動」のレベルから「目的」や「意義」のレベルまで引き上げて捉える手法です。これによって仕事の意味を見出しやすくなり、モチベーションを向上させることが可能となります。

これを活用してキャリア開発の仕組みをつくる際は、個々人の「未来」や仕事の「意義」が可視化され、定期的にアウトプットされる機会を設けることが重要です。一般的には、キャリアプランニングシートなどでアウトプットされることが多いでしょう。しかし、できる限り一人ひとりのWillを解像度高くイメージするため、「パーソナルストーリー」(一人ひとりの未来や仕事の意義を、ストーリー形式で書いたもの)にしてアウトプットするのが肝要です。

マイルストーン効果とは、ゴールに到着するまでの小さな目標をいくつか設定する手法です。ゴールが遠いとあきらめてしまいがちですが、段階的な区切りがあることで、そこまでの道のりや進捗を明確に把握できるため、モチベーションを維持することが可能となります。

これを活用して人財育成の仕組みをつくる際は、個人に身につけてほしい力の「全体像」と、その「段階」を可視化し、定点観測する機会をつくることが重要です。

一般的には、教育体系や能力体系の整備を行うことが多いでしょう。ただ、こちらもできる限り一人ひとりが自分の現在地を知ることができるように、考え方や能力を「ストラックアウト」(身につけるべき考え方や能力をマスにして並べ、できたものから該当するマスをあけていく表)形式で可視化すると良いです。

コミットメント効果は心理学の領域で使われる言葉で、新しいことを始めるときや目標を掲げたとき、それを誰かに宣言（コミットメント）することで、実現しやすくなるという手法を指します。私たち人間は、自分の行動や発言、態度などを一貫性のあるものにしたいという特性があるため、この方法が有効だとされているのです。

「やらなければならない」業務や「達成しなくてはならない」目標は、どうしても自分の中に留めてしまいがちです。しかし、それをあえて周囲に伝えることで、自身の役割やゴールをあらためてしっかりと認識して、やり切ることができるようになります。

コミットメント効果を活用し、人事制度の仕組みをつくる際は、会社として個々人に提供できる「役割」を明確にし、それに対して各自が「目標」として表明する、コミットメントできるような機会をつくることが重要です。一般的には、人事評価の項目などで表していることが多いでしょう。しかし、会社の役割と一人ひとりの掲げる目標が噛み合っていないケースが少なくありません。ここでは、両者がちゃんと交差するように、わかりやすい「役割表」を用意しておくことが大切です。

「Will/Can/Must」を最大化する3つの効果

上位の目的や意義を示し、メンバーの仕事の捉え方を変えることで、「Will」を引き出す

〈例：求人広告営業の場合〉

意義	仕事を通じて成し遂げたいこと	個人と企業が仕事を通じてWin-Winの関係を築ける社会をつくっている！
目的	業務を行っている背景や理由	良い会社をどんどん社会に紹介していくために広告を集めている。
行動	日々の業務の具体的な内容	求人雑誌の広告を売るために毎日飛び込み営業ばかりだよ……

小目標の達成という成功体験を多く積み重ねることで、メンバーの「Can」を引き出す

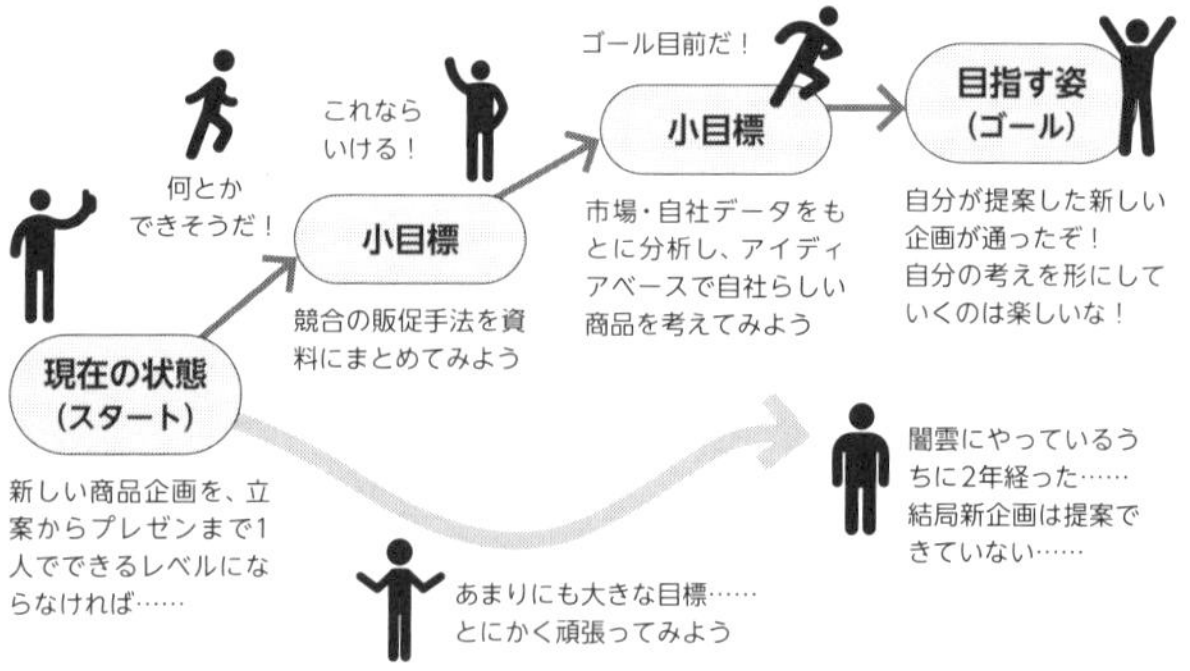
現在の状態（スタート）
新しい商品企画を、立案からプレゼンまで1人でできるレベルにならなければ……
何とかできそうだ！
小目標
競合の販促手法を資料にまとめてみよう
これならいける！
小目標
市場・自社データをもとに分析し、アイディアベースで自社らしい商品を考えてみよう
ゴール目前だ！
目指す姿（ゴール）
自分が提案した新しい企画が通ったぞ！
自分の考えを形にしていくのは楽しいな！
あまりにも大きな目標……
とにかく頑張ってみよう
闇雲にやっているうちに2年経った……
結局新企画は提案できていない……

目標に強くコミットする状況を創り出すことにより、メンバーの「Must」を引き出す

自分の行動を一貫したものにしたいという欲求は、**“他人からそう見られたい”**という心理要素からなる

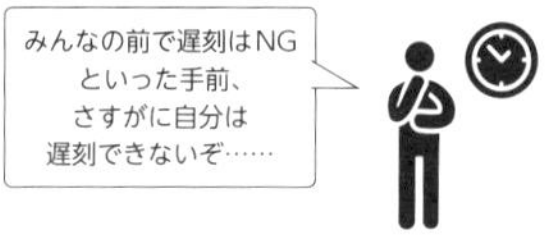
みんなの前で遅刻はNG
といった手前、
さすがに自分は
遅刻できないぞ……

例：過去に会社の部下に対して「遅刻は絶対に許さない」と言ったことがあるため、張本人である自分自身は決して遅刻することができないという強いプレッシャーがかかる

Case

People（人財開発）の事例

Will は「パーソナルストーリー」で把握する

メッセでは、社員それぞれのやりたいことを把握するために、「パーソナルストーリー」の作成を行っています。具体的には、ストーリーをわかりやすく構成する枠組み「STAGE（Situation：状況、Trouble：困難、Action：行動、Goal：結果、Epilogue：未来」に沿って、一人ひとりが現在に至るまでの自分を振り返ったり、これからの意志を表明したりするものです。これには自分が今、保有している能力というより、その裏側にある原体験を個人レベルで確認できるので、本当にやりたいことを、しっかりと棚卸しして言語化できるという効用があります。

これにより、一人ひとりが自分の人生という物語を生きる主人公だと、実感を持つことが可能になるのです。

実際の「パーソナルストーリー」

パーソナルストーリー

役職：マネージャー

【S】私は、茨城県で生まれました。両親は共働きで、姉が 2 人、兄が 1 人いる中で、生粋の末っ子です。私は、両親が一生懸命働き、家族の支えもあって、ここまで成長することができました。幼い頃は人と接することが苦手で、学校が嫌いでよくサボっていました。そんな私を、父は叱りましたが、私は母に甘えて家で過ごす時間が好きでした。甘えることばかりの幼少期を過ごしました。

【T】私が大きな決断を下したのは高校進路を決める時でした。特にやりたいこともなく進路を考えていた時、担任の先生から好きなことをやってみればいいとアドバイス頂きました。私は昔から動物が好きで、動物に携わる仕事がしたいと考え、担任と相談した結果、地元の農業高校の畜産科を選ぶことにしました。両親にこのことを伝えると、二人とも私を応援してくれました。しかし、中学時代も人と距離を置くために、学校をよく休んでおり、生活指導の教師が家に来ることもありました。 嫌なことから逃げてばかりいました。しかし、ある日父から「嫌なことから逃げていてはこの先の人生、 通用しない」と教えられました。それ以降は学校に行くようになり、授業だけは真面目に受けるようにしました。その結果、高校の一般入試において、主席で入学することができました。

【A】高校を卒業し、就職はせずに東京にある動物の飼育専門学校に入学しました。好きなことを仕事にするということがどれだけ難しく厳しいものか、専門学校に入学して初めて気づきました。動物関係の就職先は労働条件が過酷で、数多くのインターンシップに参加しましたが、ほとんどが同様の感じでした。好きなことを仕事にするということは、本当に好きでなければやっていけないということを自覚しました。自分の生半可な気持ちではできないと判断しました。結局、あまり理解できない建築関係の仕事に就職しましたが、その職場は、たった 2 ヶ月で辞めることになりました。人生に挫折している中、当時住んでいた最寄りの竹ノ塚駅で、メッセ竹の塚店グランドオープンの求人を見つけ、とりあえず応募してみました。

【G】 メッセに入社し、従業員たちの熱量と気概に圧倒されました。当時の私はただ生きるために働いていただけでしたが、必死に働きました。その結果、周りから認められ、アルバイトの中でもある程度頼られる存在となることができました。入社してから 2 年ほど経った頃、自分の将来を考えるようになり、このままではいけないと思い、メッセでの就職を考えるようになりました。きっかけは、メッセの仲間の為に動く『利他の心』の考え方に共感し、自分もただ生きるためだけに働くのではなく、人のために働き、自分が今まで受けてきた恩を、メッセを通じて、家族や仲間や社会に返したいと思ったからです。家族や周りの人々に甘えて、好きなことだけをしてきた自分とも別れを告げ、今度は自分が支えて、これまでの恩を返すという決意を抱き、メッセの社員になりました。

【E】現在、私はメッセでの勤務経験が 6 年目であり、マネージャーとして仲間を支え、守る立場にあります。人生に挫折し半ば諦めかけていた時、メッセという「居場所」に出会うことができました。それは私の考え方を変えてくれた貴重な出来事であり、本当に感謝しています。今では単に好きなことを仕事にするだけではなく、仕事そのものを好きになり、誰かのために働くことができています。そんな自分自身に誇りを感じています。私はこれまで学んできたことを後世に伝え、自分の経験を活かし、悩みや迷いを抱える人々を助け、支えることを目指しています。自分が成長することで、メッセの理念に少しでも近づけるよう努め、会社と人類社会に貢献していきたいと思っています。

Canは「ストラックアウト」で段階化する

さらに、社員の成長を等級ごとに、段階的に明示する自社ならではの表「ストラックアウト」を活用し、一人ひとりの成長が目に見えるようにしています。マスに入れる習得するべき考え方や能力の詳細は研修の中で説明して、それを実際の現場で実践できているかどうか、毎週の1on1で上長と確認し合うのです。

できていれば表のマスに○をつけ、ストラックアウトが埋まれば、次の等級に昇格するという仕組みです。

Mustは「考え方」を最重視する

組織においては、「やらねばならないこと」が必ずあります。そのMustを社員に実行してもらうためには、抽象的な期待を伝えるのではなく、担ってもらうべき具体的な役割の明示と、それを評価の仕組みに落とし込むことが不可欠です。そうすればマネジメントに依存することなく、会社としての期待を明確に伝達し、貢献の度合いを評価しやすくなるとともに、一人ひとりの覚悟を引き出すことが可能となるでしょう。その具体的な方策が人事制度であり、メッセでは「等級制度（会社が社員に期待する考え方や能力を定めたもの）」を取り入れています。

この制度において特徴的なことは、等級の定義に「考え方」を入れているということです。一般的に等級制度というと、具体的なスキルや行動を定めることが多いでしょう。

なぜ、メッセではそこに考え方を入れているかというと、私たちは人の成長が「①考え方≧②熱意≧③能力」によってなされると定義しているからです。「熱意」は環境によって上下する可能性があるため、個人に紐づく「考え方」と「能力」の開発を主に促進し、等級を定義しています。

ただ、考え方の育み方や評価方法というと、なかなかイメージしづらいかもしれません。

メッセでは「考え方の成熟度は『主語』に現れる」と捉えています。例えば、等級の低いメンバーは自分のことで精一杯なので、主語は「私」になります。

メッセにおける等級ごとの主語一覧

	等級	考え方(主語)
経営	8	日本が
	7	産業が
	6	会社が
	5	部門が
現場	4	部署が
	3	チームが
	2	私たちが
	1	私が
	0	他者が※

※他責思考で謙虚でない方は不採用

これが、等級が高くなるにつれ「チーム」「会社」「産業」と、自分ごととして考えられる主語が広がっていくのです。

この「主語の広さ」が、そのまま考え方の成熟度に現れるので、問題が起きたときの向き合い方や振り返りの際、どんな広さの主語で見ているかに注目しています。

そうすると、その人の考え方がわかるとともに、伸びしろもクリアに見えてくるのです。

一人ひとりのＷｉｌｌ／Ｃａｎ／Ｍｕｓｔをまとめる

ここまでで紹介したＷｉｌｌ／Ｃａｎ／Ｍｕｓｔそれぞれを最大化する取り組みとともに、各個人のＷｉｌｌ／Ｃａｎ／Ｍｕｓｔをまとめた表を用意するのも、全体としてのポイントです。これによって経営層が社員全員のＷｉｌｌ／Ｃａｎ／Ｍｕｓｔを高い解像度で理解していれば、人財配置や役割設定における判断ミスがなくなります。現時点でこれらを把握していない場合は、スプレッドシートなどにまとめて、半年おきに更新していきましょう。

第7章

「4つのC」でつなぎ、完成する『組織X』

ここまで、経営の４Ｐで組織をつくり上げていくための、12の原則について解説してきました。他方、第２章で４Ｐをつなぐ「４つのＣ」も重要なポイントだと述べています。これらをかけ合わせてできるのが「ＰＣマトリクス」です。これまで、**「経営の４Ｐに関する12の原則」**についてお伝えしましたが、これから解説する**「４つのＣに関する12の原則」**も、同じくらい重要だといえます。

なぜなら、ＰとＣがクロス（Ｘ）することで、**『組織Ｘ』を実現する24原則**が完成するからです。

ここで４つのＣでつなぐ理由について、あらためて触れておきます。それは４Ｐをそれぞれ押さえるだけでは、各象限は

経営の4Pをつなぐ「4つのC」

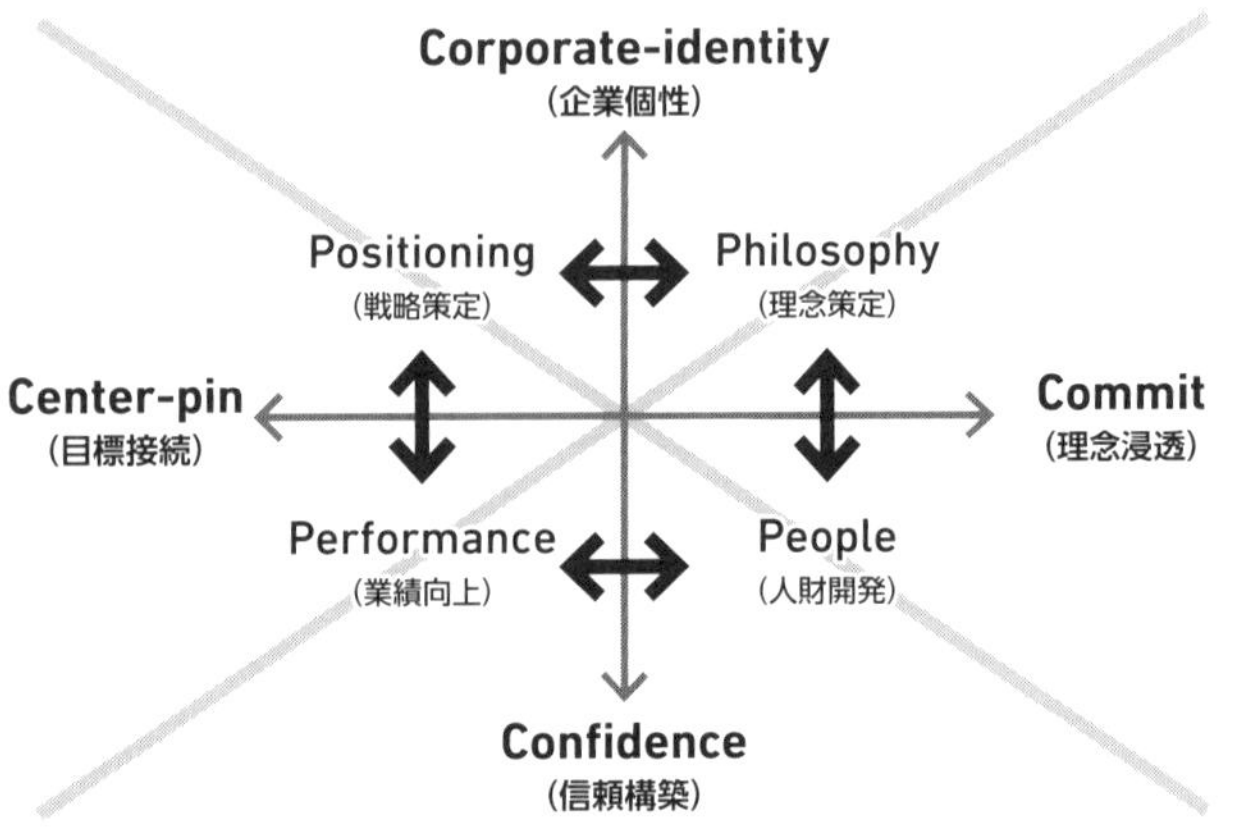

分断されたままで問題が発生してしまうからです。その状態のままにしておくと、いくら4Pを押さえても効果は半減するでしょう。ここから先は4つのCそれぞれについて、4Pとつながらないことでどのような問題が発生してしまうのかを確認しながら、白木から「Principle（原則：何を重視して考えれば良いか）」を、宮本から「Case（事例：具体的なメッセでの取り組み）」を紹介していきます。

第2章でも記載しましたが、あらためて4つのCの概要と、経営の4Pとの全体像を示しておきます。

- Corporate-identity：「理念と戦略を統合した、他社にはない『企業個性』」で、Philosophy⇔Positioningをつなぐもの
- Center-pin：「KGIから芯をくったKPIを抽出する『目標設計』」で、Positioning⇔Performanceをつなぐもの
- Confidence：「個別成果と全体成長を同時実現する『信頼構築』」で、Performance⇔Peopleをつなぐもの
- Commit：「組織と個人の意志を重ね合わせる『理念浸透』」で、Philosophy⇔Peopleをつなぐもの

Part.1

Principle

Corporate-identity（企業個性）でつなぐ理念と戦略

・PhilosophyとPositioningがつながらないことで起きる問題

↓事業領域の選択ミスや組織特性の見誤りによって、「事業と組織のミスマッチ」が起き、思うように成果が上がらずに組織が疲弊していく

例えば、デジタルビジネスを展開しているGoogleが、リアルビジネスに精通した幹部を大量に採用したら、どうなるでしょうか。もちろん、断言することはできませんが、おそらく高い確率で離職してしまうと考えられます。なぜなら、Googleの組織特性とマッチしていないからです。

逆に、顧客密着型のリアルビジネスを展開しているメッセが、デジタルビジネスに精通した幹部を大量に採用した場合、こちらも高い確率で離職してしまうでしょう。なぜなら、メッセの事業特性とマッチしていないからです。

以上は極端な例ですが、組織特性と事業特性をつなぐCorporate-identity（以下、

ＣＩ）、すなわち**「自社は何屋か？」という企業個性**がしっかり定まっていないと、組織構成や事業進出の判断を誤ってしまうことにつながります。

このＣＩをもっともわかりやすく表している会社が、ユニクロです。同社は「LifeWear」という自己定義のもと、まさにユニクロにしか表現できない事業展開、そして、そこに共感した人財が集まり、力強い成長を遂げています。同社は「生活ニーズから発想した服」「細部への工夫に満ちた服」「シンプルで完成度の高い部品としての服」「変化を先取りして進化し続ける服」「あらゆる人のための上質な服」を掲げていますが、これこそが企業個性であり、凝縮されたＣＩになっているわけです。このようにＣＩを設定することで、事業と組織がかみ合い、真っ直ぐに突き進んでいくことができます。

それでは、具体的な「企業個性」を決める原則を見ていきましょう。

- **原則⑬ 組織特性：自分たちの「組織の得意」を確認する**
- **原則⑭ 事業特性：「本当の顧客」は誰なのかを確認する**
- **原則⑮ 企業個性：自分たちは「何屋」なのかを明確化する**

まず行うべきは、**「組織特性」**の確認です。自社の組織特性ほど、当たり前になってしまって気づかないケースが少なくありません。「自分たちの『組織の得意』」は何かということに対して、自覚的になることが重要です。

飛躍的な成長を遂げた企業を挙げた名著『ビジョナリー・カンパニー2』(日経BP)では、「誰をバスに乗せるのか」こそ、組織の命運を決めると主張しています。つまり「最初に人を選び、その後に進むべき方向を決める」という、通常の考え方とは一見、反することを述べているのです。これは見方を変えれば、「人(組織)が、進むべき方向(事業)に大きく影響を与える」ということでしょう。

この組織特性は、組織の「得意不得意」や「好き嫌い」を確認すると見つかるものです。

次に**「事業特性」**の確認をします。これも実はわかっているつもりになりがちで、『『本当の顧客』は誰なのか」という問いにはっきりと答えられる企業は、そう多くないでしょう。

ベストセラー『ストーリーとしての競争戦略』（東洋経済新報社）で、著者の楠木建氏は『本当のところ、誰に何を売っているのか』がストーリーの起点になる」と述べています。例えば、同書ではブックオフコーポレーションを、「中古本の買い取り」ではなく「捨てない人のインフラ」を提供していると紹介しています。

具体的には、Positioningの節で述べた「独自性（らしさ）」を顧客視点で眺めていくと、本質的な価値が見つかっていくのです。

その上で企業としての個性となる、**「自分たちは『何屋』なのか」**を定義します。これを定めることで、事業特性と組織特性がかみ合ったCIができ上がり、進むべき方向に迷いがなくなって、力強さが出てくるわけです。

先に挙げたユニクロは日本を代表する世界規模の大企業ですから、事例としてはやや縁遠いかもしれません。

ただ、同じことはメッセでも行われていました。これこそ本書の第1章で述べていた、「成功企業が当たり前に行っていること」であり、歴史ある大企業でなくともできることなのです。

Part.2

Case

Corporate-identity（企業個性）の事例

組織特性は「家族のように仲間を大切にする」

メッセは私の両親が、家族を養うために始めた会社です。そして社員が増えていく中で、次第に会社を大きな家族だと考えるようになりました。これが、私たちの「組織特性」となっている考え方「大家族主義」で、経営指針にも「家族のように仲間を大切にします」という言葉で反映されています。

昨年、経営指針を改定した際、新入社員でも理解しやすくするために、「○○が（主語）○○する（述語）○○にします（目的語）」という構造へ各経営指針を整えました。その際、全体を統一するため、「家族のように仲間を大切にします」という指針も変えようとも考えていました。しかし、それを全社員に話したところ、「これだけは絶対に変えないでほしい！」という声が強くあったためにもとのまま残したほど、私たちにとっては思い入れのある言葉なのです。

事業特性は「地域の方々」

メッセのビジネスは誰に支えていただいているかということを考えた結果、それは私たちが出店している地域の方々である、という結論に至りました。なぜなら、そこに住む方々が築き上げてくださった地域があるからこそ、私たちは商売をすることができるのであり、何より皆さまが私たちの店舗に足を運んでくださるおかげで、店舗運営が成り立っているからです。

そんな地域の方々に恩返しをするため、私たちに何ができるのか。それは毎日のようにお越しいただける、居心地の良い店舗をつくることです。私たちの強みは、「素直で温かい社員」が多くいること。その「人」という財産を活かして、「居心地の良さ」を提供することこそ、私たちの「事業特性」なのです。

企業個性は「居場所屋」

近年、さらなる成長のために「自分たちは何屋か」を突き詰めて考え、基幹事業である遊技事業を因数分解し、「射幸心×非日常×居場所」という要素を導き出しました。そして、それぞれの要素について自社との相性を考えながら、新しい事業に結びつく可能性を検討していったのです。

その結果、幸運や偶然で思わぬ利益を得たいという「射幸心」や「非日常」は、自分たちがもっとも得意とする領域ではないと結論づけました。そこで、自分たちの特徴を活かせるのは「居場所」だと直感したわけです。そもそも「居場所」をコンセプトとして定義している企業はあまりおらず、そこにはチャンスが無限に広がっていました。

実は「居場所」というキーワードに至ったのは、コロナ禍が1つのきっかけです。人との接触を避けるためにレジャー施設や公共施設など、それまで人々の居場所として機能していた場所がみるみるうちに失われてしまいました。私たちの遊技業界も、営業自粛を要請された業態の1つです。

さまざまな想いを抱えながら、約2カ月間の休業を経て、全店舗を再開したときのこと。多くのお客さまから予想だにしない励ましや感謝の声などをいただき、あらためて自分たちの仕事は、皆さまに居場所を提供することなのだと気づかされました。

Part.3

Principle

Center-pin（目標接続）でつなぐ戦略と業績

・PositioningとPerformanceがつながらないことで起きる問題
↓売上や利益といったKGI（結果）のみを追ってしまい、KPI（行動）が設定されずに「結果を出せの一点張り」「現場は笛吹けど踊らず」の状態となり、「目標の形骸化」が起きる

KGI（重要目標達成指標）とKPI（重要業績評価指標）という言葉自体は、ビジネスの世界でよく聞きます。その意味を端的に表現するとすれば、1つの回答としてKGIは「結果指標」であり、KPIは「行動指標」だといえます。結果（KGI）に向けてPDCAサイクルを回す上で、振り返りと改善は必須ですが、その際にもっとも重要となるのは**「結果を出すためにどの行動（KPI）を変えるか」**という問いでしょう。なぜなら、結果を変えるためには行動を変えるしかないからです。

ただし、KGIとKPIの接続、つまり「結果を出すための行動特定」は、経営が行うべき難しい仕事です。それにもかかわらず、多くの場合、KPI（行動）設定は現場に一任され、経営側で設定されたKGI（結果）と乖離してしまっているということが、往々にして起こります。

そのため、KPIを達成してもKGIが達成されない、結果的に設定した目標がどんどん形骸化してしまう、という現象が起きてしまうのです。

そうならないために、次の3つを意識しましょう。

- **原則⑯ 指標設計：経営がコミットし「成長の肝」を特定する**
- **原則⑰ 指標共有：結果だけでなく進捗も「即時共有」する**
- **原則⑱ 指標変更：最適なKPIは動く前提で「大胆変更」する**

「成長の肝」は「センターピン」ともいい換えることができ、これはグッドウィル・グループの創業者である折口雅博氏が提唱した「センターピン理論」が発祥といわれています。同氏は著書『アイアンハート』（昭文社）で、「事業の成功のポイントは、ボウリングでストライクを取るための絶対条件である、センターピン（ヘッドピン）を倒すことに似ている」と述べています。つまり、センターピンとは、結果を出し業績を向上させるための一番重要なポイントを押さえること、と捉えてください。

前述したように、「結果を出すための行動」を特定するKGI（結果指標）とKPI（行動指標）の接続は、非常に難しいです。

これは、事業面における経営と現場を接続する最重要ポイントでもあるので、現場に設定を一任するのではなく、経営者と部署の責任者が一丸となって定めたほうが良いでしょう。特にセンターピンの見定めは、経営視点でしかできないことも多く、現場に丸投げしないことが肝要です。

一方で、すぐに確実なKPIが定め切れるとも限りませんし、環境や状況の変化がKPIに影響をおよぼすこともあります。そのため、KPIが一度決まったからといって、そこで終わりではありません。高頻度で結果（KGI）だけでなく、進捗（KPI）を**「即時共有」**するとともに、環境変化に合わせて、KPIを**「大胆変更」**していくことも大切になります。

Part.4

Case

Center-pin（目標接続）の事例

指標設計は「経営と現場」で行う

ＫＰＩの設定において、メッセでは経営者である私と、現場の店長や課長で会議をしています。なぜなら、現場任せではなく経営者がともに考えることで適切なＫＰＩが設定でき、逆に経営者が勝手に決めずに現場を巻き込むことでクリアしやすくなるからです。

ＫＧＩは結果指標として「自分では変えられないもの」、例えば売上などが該当します。売上を増やすために工夫することはできても、実際にそれで増えるかどうかはコントロールできません。

それに対して、ＫＰＩは行動指標として「コントロールできるもの」、例えば「1日50人のお客さまに声をかける」「採用に関する書籍を毎週読んで、Ａ4

の資料1枚で上司に内容を報告する」などを設定します。これらは自分たちの行動次第で、達成できる内容です。

大切なのはこのとき、できるだけ効果的な行動目標を設定することです。その設定が的確でなければ、たとえ実行できたとしてもKGIには寄与しない、意味のないものになってしまうでしょう。だからこそ現場に一任せず、経営者も一緒になって設定するようにしているのです。

指標共有は「日次／月次」で行う

私たちはKPIを3カ月単位で設定していますが、月次、日次でも必ず進捗共有を行っています。各店舗や各課といった単位での進捗共有は、幹部や表彰者が集まる月次集会で、社員一人ひとりの進捗共有に関しては、日次の終礼で実施しているのです。

進捗を共有する際は、必ずGood／Moreで振り返り、伸びしろを翌月、あるいは翌日はどのように改善していくかまで考え、それを宣言します。まさにここでも、コミットメント効果を活用することで、さらなる成果を追い求めているわけです。

指標変更は「高頻度」で行う

3カ月という単位でKPIを設定しているものの、1度決めたら絶対に変えないわけではありません。その期間中であっても、数値を変更したり、KPI自体を変えたりすることもあります。

なぜなら、共有した進捗の数値がもとの設定よりも超えているのであれば、さらなる成長を追求するために上方修正したほうがいいですし、事業環境や業務内容に変化があれば、設定されているKPIを追いかけたところで意味がないからです。

間違えないようにしたいのは、KPIを変えること自体が目的なのではなく、あくまでもKGIを達成するためにKPIを見直し、必要であれば変更するということです。

Part.5

Principle

Confidence（信頼構築）でつなぐ業績と人財

・PerformanceとPeopleがつながらないことで起きる問題
↓個人間競争が過熱し、「個人間の相互敵視」や「ナレッジの出し惜しみ」が起き、組織全体としての成長や成果を阻害することになる

組織としてＫＰＩを真剣に追うほど、個人でも成果創出へと真面目に取り組むようになります。それ自体はとても良いことですが、これが行き過ぎると、個人間競争の過熱へとつながってしまうのです。「自分が」成果を上げることだけに集中してしまい、隣の人や部署に手を差し伸べることが、自身にとって不利だと感じるようになります。その結果、互いの協調が起きにくくなり、組織全体の成長に資するナレッジの出し惜しみにもつながってしまうでしょう。

これを防ぐために「協調をしても損をしない感覚の醸成」、すなわち一人ひとりが「業務内容だけでなく個人感情でつながる」ことが重要となります。

人は合理だけでなく感情に大きく影響され、判断する生き物です。ＬＭでは行動経済学をベースに、「人間は『完全合理的な経済人』ではなく、『限定合理的な感情人』である」と定義しています。つまり、組織図上で部署が分かれたり、互いに目標を競い合う関係になったりすると、頭ではわかっていても、どうしても感情的な対立が発生してしまうのです。

よって「競争する敵ではなく、協力し合う仲間」と思える感情的つながりづくり、いい換えれば「信頼構築」をすることが重要となります。この考えは、ハーバード大学の教授であるエイミー・エドモンドソン氏が提唱する「心理的安全性」

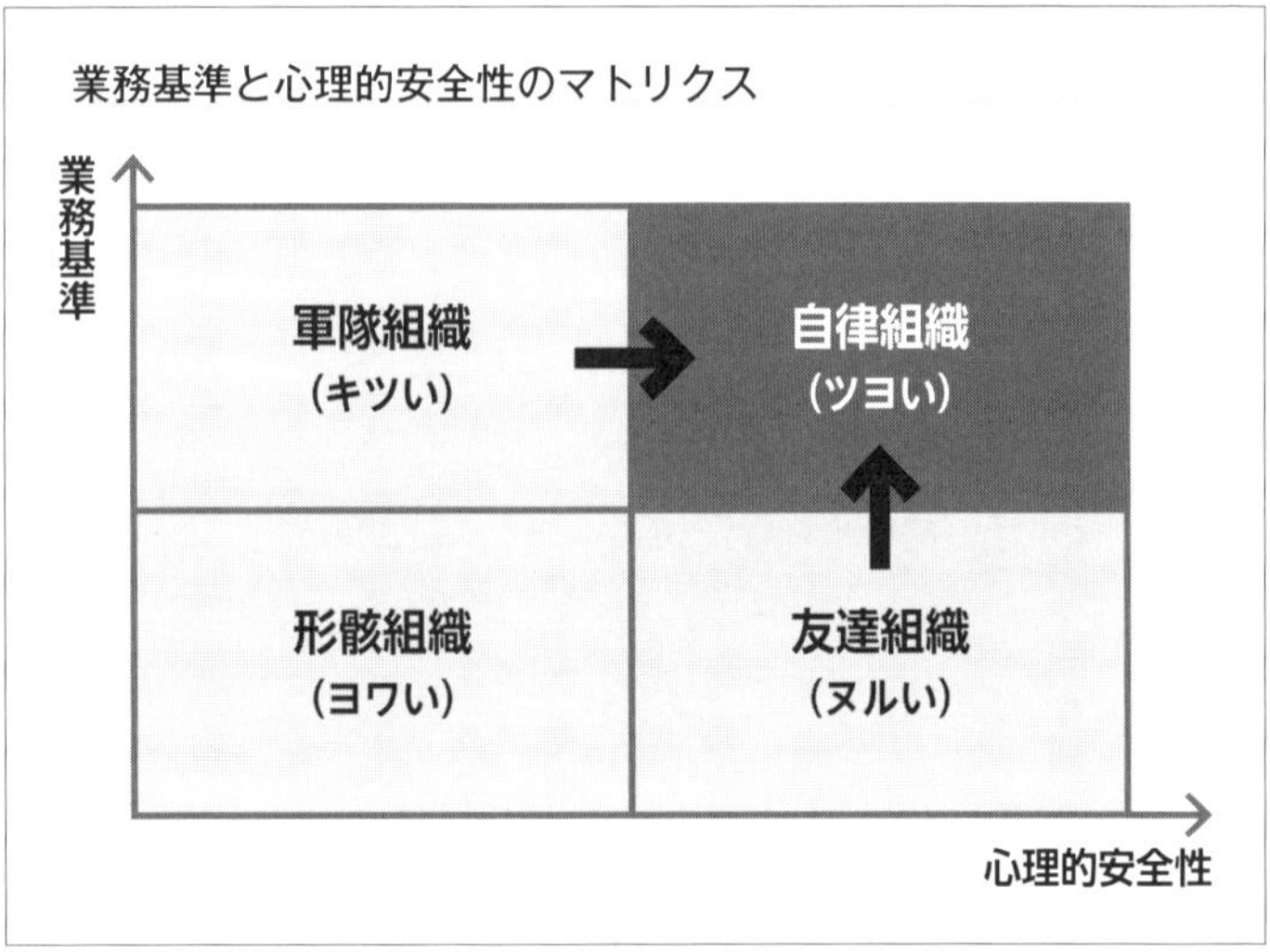

に近いです。「業務基準」だけでなく「心理的安全性」もＡＮＤで高めることが重要だということになります。

では、具体的な「信頼構築」の原則を見ていきましょう。

- **原則⑲ 上下間：仕事に加えて「私事・志事」も共有する**
- **原則⑳ 部署間：「他者貢献」した人が報われる仕組みをつくる**
- **原則㉑ 非公式：自然と協調できる「偶発関係」をつくる**

信頼構築においては、**上下間・部署間・非公式の3方向に、信頼のネットワークを張り巡らせる**ことが重要です。

上下間は上司部下の関係を指します。ここは普段から、コミュニケーションを取ることが多いので油断しがちですが、業務的な連絡が主となるため、実は感情的なつながりはつくりにくいのです。そうすると、問題や相談が上がっていかないため、成果創出や成長促進が遅れがちになるでしょう。

そのため、意図的に「3つのシゴト（私事・志事・仕事）」についてのコミュニケーションを取ることが重要となります。**「私事」**は業務と関係のない、パーソナリティなどの個人的なこと。相手の過去や譲れないポイントを知ることで、心理的な連帯が生まれやすくなるでしょう。

「志事」は未来に実現したい内容で、PeopleにおけるWillとも重なります。将来像や夢などについて語り合えば、上司は部下を応援する存在になりやすいでしょう。

部署間は、部署間における同職位の関係を指します。ここが明確なライバル関係になりやすく、コンフリクトが起きがちなところです。さまざまな利害が絡み合う可能性があるため、ただコミュニケーションを取るだけでは相互協調が生まれにくいという特徴があります。そのため、「知識（ナレッジ共有）」や「数字（指標設計）」といった側面で、**「他者貢献」**をした人のほうが社内で評価される仕組みをつくることが、非常に重要です。

例えば、ナレッジを拠出した人を高く評価する人事制度や表彰制度をつくったり、相互連携の指標を設計することで協調を必須としたりするなどの工夫が考えられるでしょう。仕組み化することで、無意識的にヨコの信頼関係を構築していくのがポイントです。

非公式は、他部署かつ職位の違う人同士で、普段は業務上のコミュニケーションを取らない関係を指します。ただ、ナナメの関係に信頼できる相手や頼れる仲間がいると、自然と協力が生まれたり、イノベーションの種になったりもするでしょう。ここは、そもそもつながっていない、利害関係の薄いコミュニケーションラインであるため、意図的につなげることで仕事の協力関係に発展しやすいのです。これは当然、組織にとってもプラスであることは間違いありません。

そこで、偶然的に発生するコミュニケーションによる関係、略して**「偶発関係」**をつくることが重要となります。具体的には、業務外におけるコミュニケーションの場や、コミュニティづくりなどを意図的に行うと、つながりやすくなるでしょう。これはなんとなくイメージしやすいかと思いますが、例えば、ナナメの関係者同士での食事会や部活・サークル活動などを、会社として支援することが効果的です。

これらの工夫は、組織の規模感や雰囲気によって、効果的なものが変化する領域ともいえます。メッセではどのように行っているのか、見ていきましょう。

Part.6

Case

Confidence（信頼構築）の事例

上下間は「部署1on1」を実施する

第1章でもお伝えしましたが、メッセでは人財を大切にするという考えから、1on1にかなり注力しています。1階層離れた関係では週に1回15分、2階層離れた関係では月に1回15分の面談を行うのです。

最近は1on1を実施し、仕事の話をする企業が増えてきました。私たちもかつては仕事の話だけをしていましたが、今はそれだけではなく「私事」、具体的には心、体、頭、家族というテーマでプライベートの話と、「志事」として自分の目指す姿ややりたいことに関しても話をしています。特に仕事の話よりも私事や志事に重点を置いて1on1の時間を使っているのが、メッセの大きな特徴です。

これによって仕事だけの関係ではなく、一個人同士としての関係性を築くことができるので、上司と部下というタテのつながりにおいて、より深い信頼関係を構築することができます。

部署間は「メッセナレッジ1000」で関係を構築する

こちらも第1章で言及しましたが、当社では、経営領域「組織」と「事業」の2つに分け、それぞれに10個ずつの分野を設定。さらに、その各分野の中に、ナレッジを50個ずつ策定しています。つまり、2領域×10分野×50個＝1000個のナレッジが、当社には存在しているのです。

そして、これを常時更新しているのですが、その際にポイントがあります。各分野の担当者はもちろん、経営幹部から最前線で働いてくれているスタッフに至るまで、社内の全員からナレッジの提案が行われるようになっていることです。現在は全員が成長するためにと、誰もが自発的に提案してくれていますが、今後はナレッジを作成してくれた人を表彰する制度を導入することで、さらにこの取り組みを活発化していこうと考えています。

また、賞与制度も特徴的です。賞与は個人単位の成績と同時に、全社の業績成果とも連動する仕組みを取っています。予算と比較した実績に応じて、業績係数も変動するということです。

また表彰は、他の社員と比べて優秀な人（水平比較）だけではなく、過去の自分と比べて大きく成長した人（垂直比較）も対象とすることを大切にしています。これによって、互いに足を引っ張り合うという不健全な競合関係ではなく、切磋琢磨して数字を伸ばし、Ｗｉｎ―Ｗｉｎな関係を築く、健全なライバル関係が生まれるのです。

非公式は「部活動、委員会」でつなげる

ナナメの関係が強固なことは、メッセにおける大きな特徴の1つとなっています。違う店舗や部署の人、さらには年齢差があっても仲が良いというケースは、社内を見渡すとかなり多いです。

その要因となっている制度は主に2つ。1つは「部活動」です。これは各人が自分の趣味をもとに仲間と活動できる制度で、BBQ部や野球部、サウナ部など20を超える部が活動しています。開催の条件を満たせば、会社から費用補助が出ますし、趣味が同じ仲間と集まるので、今まであまりコミュニケーションを取らなかった相手とも仲が良くなる機会となり、社員が各々の個性を輝かせることにもつながっているのです。

そして実は、部活動が新規事業の種にもなっています。私たちが現在、新たに展開しているサウナ「ROOFTOP」を立ち上げる際も、「サウナ部」の活動がきっかけとなりました。当初、サウナ部のメンバーが遊び心で空きスペースにテントサウナを設営してみたところ、実際に体験してみたら「十分にお客さまへ提供できるレベルになる」と感じ、ROOFTOPの構想へとつながっていったのです。

もう1つは「委員会」で、清掃や接遇など、特定の経営領域に関する活動を重点的に行う制度で、約10個の委員会が活動しています。その分野が好き、あるいは得意な人が集まるので、こちらも各人の個性を活かす取り組みです。

第7章

Part.7

Principle

Commit（理念浸透）でつなぐ人財と理念

・PhilosophyとPeopleがつながらないことで起きる問題
↓個人商店化が進んで「方針不満」や「経営批判」が起きるようになり、風土悪化や組織崩壊に発展する

ここでは会社のＷｉｌｌと個人のＷｉｌｌに分けて話をするため、わかりやすいように会社として定めた「やりたいこと」、つまりＭＶＶ（理念体系）を大文字で「ＷＩＬＬ」、個人の「やりたいこと」を小文字で「ｗｉｌｌ」として説明していきます。

会社のＷＩＬＬと個人のｗｉｌｌが重ならないと、個人としてがんばってはいるものの、会社の理念や方針には共感していない、興味を持たないという現象が起きてしまうでしょう。これが進むと、会社の方針に違和感を持つようになり、陰で組織への不満をいったり、経営への批判をしたりするようになるの

です。それらは組織風土の悪化を招き、最悪の場合には組織の崩壊へとつながります。特に事業環境が大きく変わった、組織の構成員が大幅に増加した、という成長企業では、会社のＷＩＬＬに共感していない人を採用してしまったり、コミュニケーション不足で経営の意図が正しく伝わっていなかったりすることで起きがちな現象です。こうした状況を防ぐために「理念浸透」を図るわけですが、どのように進めるべきか、原則を確認しましょう。

- **原則㉒ＷＩＬＬ⇕will：すれ違いをなくす「理念採用」を徹底する**
- **原則㉓will↓ＷＩＬＬ：薄れがちな意志を「定期表出」させる**
- **原則㉔ＷＩＬＬ↓will：個人意志をもとに会社として「未来統合」する**

Commit（理念浸透）の「第一ボタン」となるのは採用で、人財獲得の場面で、本当に理念に共感してくれる人かを見極めることが重要となります。なぜなら、入社後に理念共感度の低い人財を育てていくのは非常に難しいからです。しかし、企業の成長フェーズでは特に、考え方（理念共感）よりも能力を重視するバイアスが働きます。実際、スタートアップではこの問題に直面する企業が多く、その教訓から多くの企業が**「理念採用」**を掲げています。

また、入社後のコミュニケーション不足によって個人のｗｉｌｌが薄れる、会社のＷＩＬＬに対する誤解が生まれるというケースもあるでしょう。そうならないように個人のｗｉｌｌをしっかりと引き出し、会社のＷＩＬＬとの接続を図り続けなければなりません。理想は、経営陣が各社員との対話機会を通し、個人の意志を**「定期表出」**させる機会をつくること。もし、それが難しいなら、経営陣の代わりにＷＩＬＬを吸い上げる人財をつくりましょう。

一方で、個別の対話だけでは、会社全体のＷＩＬＬが曖昧になりがちです。特に組織や事業の変化が激しいタイミングや、規模が拡大するほどに、ＷＩＬＬとｗｉｌｌの距離が離れ、社員は会社の方針に対して「自分には関係ない」と思ってしまいます。そのため定期的に、今、会社を取り巻く状況を踏まえ、そのタイミングに合わせたＷＩＬＬの解釈を経営から現場へと伝えていかなければなりません。その際、なるべくすべての人が「自分も関わりたい」「ワクワクする」と感じるような、個人の意志も広く包み込み**「未来統合」**した、会社の未来像を提示することが重要です。

Part.8

Case

Commit（理念浸透）の事例

WILLとWillをすり合わせる「考え方最重要視」の採用

メッセでは社員の育成において、考え方を最重要視しています。それはもちろん、新卒採用の場面にも反映し、採用では基本的に「考え方≧熱意≧能力」という優先順位をつけているのです。能力は後からいくらでも身につけられますが、考え方を変えるのはなかなか難しいという理由もあります。また、インターンシップも考え方を重視したものです。内容としては、私たちがなぜエンゲージメント日本一を成し遂げられたかを、グループワークを通じて感じてもらいます。また「パーソナルストーリー」を書いてもらい、今までの人生でどのような考え方を大切にして生きてきたのかを振り返ってもらうのです。

これらは「考え方」を身につけるための助走であり、この時点から私たちの理念に共感してもらえる方かということも見ています。

willは「経営者1on1」で把握する

第1章でお伝えした私と全社員の1on1は、私が持つ会社のWILLと社員が持つ個人willをすり合わせることも目的の1つです。直接話すことで表情や雰囲気も伝わってくるので、より鮮明に一人ひとりのwillを確認することができます。

また、通常の1on1は面談のフォーマットを定めて実施していますが、私との1on1はあえてフォーマットを設定しません。社員たちから自由に話してもらうことで、一人ひとりの本当に一番やりたいことが見えてくるからです。こうした話の中で、都市型居場所から自然型居場所への拡張など、会社の未来構想がつくられることもありました。

WILLを「メッセフェス」で共有する

会社が考えている最新のWILLを発信するため、半期ごとに全社員約300名が集合し、終日かけて行うメッセフェスというものを開催しています。

内容は「表彰」「経営幹部による該当期の総括と次期の方針説明」「懇親会」を柱とするものです。

表彰は予算売上達成賞、清掃部門賞、経営指針物語大賞やMVPなど、経営理念や経営指針に紐づく多数の賞があり、互いの成長をリアルでたたえ合います。また、前述したように他の社員と比べて優秀な人（水平比較）だけでなく、過去の自分と比べて大きく成長した人（垂直比較）も表彰するため、多くの社員が仕事の意義を実感し、自信を得ることにつながるのです。

経営陣による該当期の総括と次期の方針説明は、Good／Moreを用いて

売上などの半期総括を発表し、次期は全社として、どのような行動を取ってほしいかを伝えています。

それとは別に、私からは「メッセビジョン」と称して、数年後、数十年後の構想も伝えるようにしているのです。半期という短期的な方針と合わせて、長期的な時間軸でも会社が考える最新のＷＩＬＬを示すことで、未来に対して全員にワクワクしてもらえるようにしています。

最後には、懇親会も欠かせません。この場では会社から社員への感謝を示すとともに、普段はあまり話すことのできない他店舗や他部署の方々との交流を深める機会にもなっています。もちろん、私を含む経営幹部も参加して、社員との交流を深めるのです。目をキラキラと輝かせながら、私が話した未来構想への感想や意見をいってくれる社員も多く、ともにメッセの未来を創造していくという想いを共有する大切な時間にもなっています。

このようにメッセフェスは、会社としてのＷＩＬＬを共有するという側面で、貢献度の高い結節点となっているのです。

『組織X』を実現するアクションリスト

PCマトリクス			原則	質問
経営の4P	Philosophy（理念策定）	①	Mission：「会社の目指す姿」を決める	会社の目指す姿は何ですか？
		②	Vision：「会社の判断基準」を決める	会社の判断基準は何ですか？
		③	Value：「社員の判断基準」を決める	個人の判断基準は何ですか？
	Positioning（戦略策定）	④	差別性：競合に勝ち続ける「違い」を見つける	自社と他社との明確な違いは何ですか？
		⑤	独自性：自社にしかない「らしさ」を見つける	顧客に支持される自社の特徴は何ですか？
		⑥	顧客価値：「顧客から選ばれる理由」を明確化する	顧客から選ばれる理由を一言でいうと何ですか？
	Performance（業績向上）	⑦	Plan：測って刻んで「可視化」する	計画立案はSMARTで設定し可視化していますか？
		⑧	Do：絞ってすぐやり「高速化」する	実行する際はアジャイルに決めて動かすことができていますか？
		⑨	Check&Action：決めて逃さず「完遂化」する	軌道修正はGood/Moreを徹底していますか？
	People（人財開発）	⑩	Will：会社方針に個人の「未来キャリア」を重ねる	社員のやりたいことは、どのように把握していますか？
		⑪	Can：「全員共通」のポータブルスキルを段階化する	社員のできることは、どのように把握していますか？
		⑫	Must：会社が求める人財を「制度表明」する	社員のやるべきことは、どのように評価していますか？
4つのC	Corporate-identity（企業個性）	⑬	組織特性：自分たちの「組織の得意」を確認する	あなたたちは何を大切にする集団ですか？
		⑭	事業特性：「本当の顧客」は誰なのかを確認する	本質的に誰に商品・サービスを売っていますか？
		⑮	企業個性：自分たちは「何屋」なのかを明確化する	あなたたちは何屋さんですか？
	Center-pin（目標接続）	⑯	指標設計：経営がコミットし「成長の肝」を特定する	KPI設定には誰が関わっていますか？
		⑰	指標共有：結果だけでなく進捗も「即時共有」する	KPI進捗はどのように共有していますか？
		⑱	指標変更：最適なKPIは動く前提で「大胆変更」する	KPIはどの頻度で変更していますか？
	Confidence（信頼構築）	⑲	上下間：仕事に加えて「私事・志事」も共有する	上下間（タテ）の関係で、どのように信頼構築をしていますか？
		⑳	部署間：「他者貢献」した人が報われる仕組みをつくる	部署間（ヨコ）の関係で、協力し合う仕組みをどのように構築していますか？
		㉑	非公式：自然と協調できる「偶発関係」をつくる	非公式（ナナメ）の関係を、どのように結びつけていますか？
	Commit（理念浸透）	㉒	WILL⇔will：すれ違いをなくす「理念採用」を徹底する	何を最重要視して、採用を行っていますか？
		㉓	will→WILL：薄れがちな意志を「定期表出」させる	経営者は社員のwillをどのように把握していますか？
		㉔	WILL→will：個人意志をもとに会社として「未来統合」する	社員は会社のwillをどのように把握していますか？

第8章

トレンドに左右されない「人的資本経営」戦略

著者鼎談：
慶應義塾大学大学院政策・メディア研究科
特任教授 岩本 隆 氏

「人的資本経営」や人財領域とテクノロジーを融合させた「HRテック」に造詣が深い岩本隆氏は、「経営トップが覚悟をもって、やり切ることで成長しているメッセが、日本の組織のロールモデルになっていってほしい」と期待を寄せる。日本企業の組織づくりや人の活かし方に必要なのは、どのような要素なのか、幅広く語り合いました。

中堅企業は大企業の下請けならず

白木　岩本先生は、大企業はもちろん、中小企業大学校での講師を務められるなど、中堅企業についても俯瞰して見ていらっしゃいます。

そうした立場から、中堅企業のおもしろさと課題点を、まずは伺わせてください。

岩本　最初にお伝えしたいのは、日本において中堅企業は大企業の下請け的な印象ですが、これは理論的に間違った考え方だということです。大企業と中堅企業は対等な関係で、むしろ後者のほうが得意なことがあると認識したほうがいいでしょう。

アセット規模が大きいほうが効率の良いビジネスを展開しやすく、成長してきたのが大企業でした。もともと日本の産業を支えてきたのは製造業、なかでもエレクトロニクスと自動車の分野です。

しかし、エレクトロニクスは１９９０年代からアジアなどに工場を移してしまいました。今後、自動車もＥＶにシフトしていくと、他国へ流れてしまう可能性があります。

すると「日本国内に大規模なアセットを持ってるから効率の良いビジネス」は、どんどんなくなっていくでしょう。これが日本の現状です。

半導体の製造を国内に戻すという話もありますが、大規模にはならないかもしれない。そうすると、日本経済全体を活性化するには、「中堅企業だから効率の良いビジネス」をたくさんつくっていかければなりません。

スイス、イタリア、ドイツなどのヨーロッパがその典型例です。ドイツにも大企業はありますが、実は地元の経済圏でトップにいるのは、だいたい中堅企業です。

白木　ヨーロッパはドメインの大きい会社が1社で経済を回すというよりは、ニッチ企業の集合体が動かしているようなイメージですね。

大企業にはない、中堅企業の良さとは何でしょうか。

岩本　そもそもコミュニケーションコストが大企業ほどかからないので、ダイナミックに決定できますし、身軽でスピード感もあります。日本でも、ヨーロッパのように強い中堅企業をたくさんつくることが、経済活性化のカギとなるでしょう。

ただ、日本の中堅企業は下請けに慣れてしまっているので大企業からいわれたことはしっかりやる一方、自分たちでプロダクトをつくって、マーケティングをして、販売する、という経験が少ないのが弱みです。

これはスポーツの事例ですが、千葉県船橋市をホームタウンとするプロバスケットボールチーム「千葉ジェッツふなばし」が人事評価の仕組みを導入し、「日本一給料の高いクラブチーム」を掲げ、小規模でも強い組織を目指しています。そうした中堅企業が、もっと現れてほしいものです。

白木　成功事例がいくつか出てくれば、流れが変わってきそうですね。

宮本COOはファーストキャリアで大企業に所属し、その後メッセさんという中堅企業に移られていますが、やはり違いは感じられましたか。

宮本　私の場合は、ソニーで音楽配信をしていましたが、グローバルかつ数百人のプロジェクト、その上バーチャルな領域だったので、手触り感や主体性を感じられなかったという実体験があります。

それで逆に、フィジカルでもう少し主体性があって、すぐに結果が出るようなビジネスをやりたいと思うようになり、今の会社に移りました。

白木　事業内容的には大企業より中堅企業のほうが、リアリティがあったり、主体性を持ちやすかったりするでしょう。

一方で、下請けマインドになってしまっていると、自分たちでゼロから考えなくなってしまいそうです。加えて、中堅企業の場合はオーナーのガバナンスが強烈な、いわゆるワンマンが多く、社員の自主性も低くなってしまいがちかもしれません。

岩本　オーナー自身が下請け仕事をやってきていて、上からいわれたことをそのまま下に持っていくことが大事だと考えていると、なかなか体質は変わらないでしょう。

ただ、2代目になってから、社員の力を結集してボトムアップでアイデアをあげる会社に変貌するケースは少なくありません。

ユニークな例がユニ・チャームです。2代目社長は、自分は創業者である父親と違ってカリスマ性がないから、社員全員の力を結集するんだと明言し、2・6・2の法則でボトムの2を引き上げている。

宮本　メッセも私の両親が創業し、現在も社長と副社長を務めていますが、私はかなり権限を委譲されています。とはいえ、やはり一時期、確執はありました。ソニーの専務を務めていた方が一時、当社の取締役になったことがありました。その方と私は実力主義を主張し、他方、社長と副社長は家族主義を崩さず、敵対したのです。

今思えば、両方大切なのですが、そのときはどちらかとなってしまい、私は会社を辞めようかと思ったほど。ただ、何のために経営しているのかを考えたことで、もう一度目線を合わせることができたのは大きかったです。

ツールが変化と成長を加速させる

白木　メッセさんはさまざまな経験から学び、組織や事業に対しての考え方を太くしていきました。失敗から学んで変わっていくのは難しいことのように思いますが、一般的な中堅企業ではどのような動きになるのでしょう。

岩本　失敗からというより、HRのツールを使い始めて変わる企業はあります。組織を定量的に測定して結果を見て、PDCAサイクルを回すツールがあるから、アクションを起こしやすい。

中堅企業は言語化があまり得意ではない経営者が多くいるので、ツールがその役割を果たすのかもしれません。

白木　ツールやテクノロジーを導入することで、一気に全体のフレームワークを整えていくわけですね。

私たちＬＭでも「モチベーションクラウド」というツールを提供していますが、大事なことは２つあると考えています。

１つは網羅性で、ツールを導入すると、やるべきことが網羅的にわかること。もう１つが実効性で、それに則ってやると、ＰＤＣＡサイクルがよく回るので、効率が上がる。いわゆるＤＸが起きるのです。

宮本　私たちでいえば、かつては共通言語が非常に少なかった。それをＬＭさんのモチベーションクラウドを入れたことで、事業、組織、経営の共通言語ができ、それで成長が加速したという体験があります。

白木　モチベーションクラウドには「ナレッジの汎用化と標準化」という項目がありますが、導入時に宮本専務が「うちではナレッジという言葉は使ったことがない」とおっしゃっていたのが印象に残っています。

宮本　今でこそナレッジ経営をしてますが、以前は私も含めて、ナレッジを使って何かをするなんて、できるはずがないと思っていました。ほとんどの会社は、いまだにそのレベルかもしれません。

白木　人気アニメ『巨人の星』に出てくる姿勢矯正ギプスのように、とりあえず型にはめて、スタンダードな動きを強制し、鍛えるのは有効なのかもしれません。マインドから変えるというアプローチで、なかなか変わらない中堅企業は多いですが、逆にツールから固めてしまったほうが、変化が起きやすい。

岩本先生は、「強い中堅企業」を日本でたくさん生み出していくために、どんなことが必要だと思われますか。

岩本　やはり経営のトップが変わることでしょう。今後、事業承継の時代に入って、2代目になるとガラリと変わることが期待できます。

例えば旭酒造の「獺祭」に代表されるように、日本酒の世界はおもしろい動きが出てきている。2代目の多くが東京大学や京都大学の醸造学などを勉強して、勘や経験で行っていた日本酒づくりを、理論的に進めているのです。ロジックがあるので横展開やグローバル展開をしやすく、イノベーションが起きることもあります。

他の業界でも事業承継のタイミングで大きく変わる事例は、たくさんあるでしょう。そのとき、創業者が邪魔をしないことがポイントです。

白木　家族経営だけに任せるよりは、それこそ岩本先生みたいな形でアドバイザーが入るなど、客観的な意見をいえる人が必要とも思います。

宮本　内部でも『7つの習慣』（キングベアー出版）にあるように、「理解してから理解される」というのを、お互いが思えるかどうかが肝要ですよね。組織はお互いさまの中で成立しているのに、それを「自分が、自分が」となってしまうとどうしようもありません。

私たちはそこに気づいて歩み寄ることができたので、変革をここまで続けてくることができましたし、きっとこれからもイノベーションを起こすことができる。そこに失敗している組織が多いように感じます。

白木　2代目が創業者の下位互換のようになってしまうと、難しいですよね。メッセさんは互いの得意分野が異なることが、良かったのかもしれません。

突出した「3要素」が日本一3連覇への決め手に

白木　今回のベストモチベーションカンパニーアワードで、メッセさんが3連覇されたのは、岩本先生からご覧になってなぜだと思われますか。

岩本　従業員エンゲージメントを高める行為も投資なので、経営の中でどこに、どのように投資していくか、優先順位をつけていなければなりません。要はR

ＯＩで、そこをちゃんと見ながら機能するものを入れ込んでいった結果でしょう。
　今、メッセさんはさまざまなアクションを実行されていますが、それらもＲＯＩを見ながらかなり改善されている。そこが優れた経営目線ですね。

宮本　ありがとうございます。
　おっしゃる通りで、例えば最近、年間休日を１日増やしたのですが、その前まではそもそも有休がしっかり消化されていなかったので、まずそれを１００％近くまで持っていこうと考えました。それができて、なおかつ今回、業績的にも予算達成したので休日を増やしていこう、というように、一つひとつ費用対効果を見ながら進めています。

白木　逆にいうと、それができていない会社が多いという印象でしょうか。

岩本　定性的にアクションを出しても、空回りすることが多いのです。社員の声が１人のわがままなのか、あるいは８割の意見なのか、それによって経営アクションの効果はだいぶ変わるでしょう。ちゃんと測っていないので、勘で実行してしまう。
　その勘が当たればいいのですが、取り組んだのに社員は冷めている、みたいなことも起こります。

アクションは山のように考えられるので、その中で何をやるか、適切に取捨選択しなければならない。エンゲージメント向上にきちんと機能しているアクションは、組織によって違います。

宮本　その意味では、私はもともと理系で論文を書いていたこともあり、何ごとも「背景・目的・目標・手段」という構造で進めることを口酸っぱく社員に伝えているのです。

社員から提案されるアクションも、構造がしっかりしていないと、実行には至りません。

白木　多くの会社では、なんとなく盛り上がるから、この施策をやろう、となりがちですが、メッセさんは「これをやるとエンゲージメントが高まって、業績向上にもフィットする」と、明確に事業と組織のリンクを見た上で判断されていますよね。

宮本　そうです。経営理念、経営指針、行動指針、そしてナレッジや手段などが、すべて1本の線でつながっているかどうかを、背景・目的・目標・手段で確認して動いています。その風土は、社内にだいぶ根づいてきている。

もう1つのポイントは、瞬間的にではなく「やり続ける」ことです。

例えば、私たちはファーストネームで呼び合っています。『ビジョナリーカンパニー』（日経BP社）にも書かれていましたが、これは著者が米国の方なのでやりやすいかもしれない。

日本でやるのはなかなか癖が強いけれども、やはりファーストネームにその人の個性があるということ、また、そのほうが仲良くなりそうだということで、徹底的にやり続けることにしました。

岩本　優先順位を明確化していること以外に、メッセさんが突出しているのは「経営トップの覚悟」と「やり切る」、この3つなのではないかと感じました。

宮本　私自身、ほとんどそこだと思っています。私も今でこそ、えらそうなことをいっていますが、先ほどお伝えしたように両親と敵対したときは、本当にやめようとしていました。

でも、そこでやめたら自分や周りの人たちは幸せになるのかを自問自答して、どんどん腹をくくるステージになっていったのです。

岩本　あとはコミュニケーションがキーワードになってくるでしょう。コミュニケーションの得意な人が上にいないと、なかなか教えられません。これは人間的な能力なのですが、悩んでいる経営者は多いです。

宮本　私たちも、もともとはプロモーション集客がうまい人をマネジメントラインに置いていましたが、今は組織を束ねられる人をその位置にして、集客がうまい人は、また違う領域でエキスパートとして位置づけています。

白木　長くお付き合いしている私から見ると、メッセさんの場合、最初からどのミドルマネジャーもコミュニケーションスキルが高かったわけではないように思います。

変化したポイントが2つあって、1つは「Ｗｈｙ／Ｗｈａｔ／Ｈｏｗ」のＷｈａｔ「何を話せば良いのか」という型や、キーワードをある程度固定したことです。

2つ目が、Ｗｈｙ「何を大事にするか」をすべて経営理念に照らし合わせた上で、最後のＨｏｗ「どのように話すか」に幅を持たせていること。ＷｈｙとＷｈａｔを固定したので最初はぎこちないのですが、やっているうちにメンバーはモチベーションが上がってきた感があります。

宮本　ボキャブラリーに乏しく、元気だけが取り柄の新人店長がいて、最初は相当心配しました。でもその上司が優れていて、どんどんボキャブラリーを吸収し、マネジメントができるように成長していきましたね。

白木　軸がない中で「コミュニケーションをうまくなれ」といわれても悩みますが、会社として重要なポイントを押さえてコミュニケーションを取れといわれれば、理解しやすそうです。

それにつながりますが、中途半端にあれもこれも手を出すのではなく、まず「これをやる」と決めたことを徹底的に絞ってやるというのも、メッセさんの特徴ですね。

日本に必要なのは「個」が立つチーム

白木　エンゲージメントが高い企業には、どのような共通点があるでしょうか。

岩本　エンゲージメントにおいて、企業と社員は対等の関係です。ところが日本では、親子関係になってしまっています。

エンゲージメントが高い企業は、社員にフォーカスして「個人が幸せになること」と「会社が伸びること」を両立させている。欧米は個人主義ということもあり、そうした会社は多いです。

日本はそれを追いかけている状態。人手不足も追い打ちをかけ、社員の幸せをきちんと見ていかないと人がきてくれませんから、企業にとっては手間がかかるでしょうが、社員にとってはすごく良い時代になってきました。

白木　日本の大企業はそこまで人が不足していないので、人手不足に悩む中堅企業のほうが、なんとか人を活かそうと対等関係になりやすいわけですね。

岩本　大企業も実は人手不足で悩んでいないわけではなくて、仕事ができない中高年がたくさんいる一方、優秀な若手が入ってこないという悩みがあります。若手の良い人財は外資系企業に流れたり、最近は起業したりしますから。

白木　今のお話もその1つかもしれませんが、日本企業の組織が良くなっていくために、岩本先生が重要だと感じていることをお聞かせください。

岩本　プロスポーツの世界でお伝えするとわかりやすいでしょう。日本はもともとチームで戦うのが得意ですが、今まで世界に勝てなかったのは個が立っていなかったからです。

ところが、2023年のWBCもそうですが、今は米国と試合をしてもホームランを連発するように個が立っていて、さらにチーム力があるので世界でトップになれる。

つまり、企業においても、まず個が立つことが重要だということです。その上でいろんな分野のプロフェッショナルな人財をかけ合わせて、組織として勝てる経営をする。それができれば、世界のモデルになっていくでしょう。

白木　そうなると、没個性の集団と個が際立っている人の集団ではまとめ方が違うでしょうから、チーム論やマネジメント論も変わっていくでしょう。

岩本　青山学院大学陸上競技部の原 晋監督が、２０２２年の箱根駅伝で優勝したとき、「自立から自律へと取り組んだ」と話していました。選手一人ひとりの自律性が高まったので優勝できたということでしたが、そのイメージです。

白木　自立は各自が独立しているイメージで、自律はチームワークも含めて、ということですね。

ちなみに個を立てたマネジメントやチームづくりは、従来とどのような点が違いますか。

岩本　リーダーシップがだいぶ違うでしょう。

これまでは統率や指示をする力でしたが、今は引き出す力こそリーダーシップだといえます。スポーツの監督にしても、おとなしそうな人、人の良さそうな人が監督になっていることが多い。選手のことをすごく観察していますが、特に指示やコメントはしない。その判断は、人間を理解していないとなかなか難しいです。

うまくいってる組織のリーダーも、おとなしそうな人が多いと思います。

白木　とても腑に落ちました。よくサーバントリーダーシップといわれますが、際立つ個を活かすには、それが一番機能的だからなのですね。

宮本　子育てと同じように、「見守る」ことが重要だと思います。私も昔、事業に目が向いていたときは短期で利益を出したかったので、見守っている暇がありませんでした。

今でも完璧にはできていませんが、付け加えるのではなく引き出して磨き上げるために、ぐっとこらえて見守るようにしています。そうした意識は、会社として持って進めているのです。

白木　キーワードでいうと、「短期視点ではなくて長期視点で」「成果ではなくて成長に目を向ける」の2つ。

そして人の可能性を信じるということですね。

欧米の会社だとタレントを採用して、その人たちをいかにマネジメントするかを考えればいいですが、日本企業の場合、今いる人たちの個性を開発して引き出した上でまとめるという、とてつもないことをしている。

岩本　阪神タイガースの監督に就任した岡田彰布氏は、かつてWBCの監督を断ったことがあるそうです。

　その理由は、自分は優秀な選手を集めてのマネジメントは得意ではなく、すでにいる選手をいかに活かすかが得意だから、ということだったそうです。これは、実はジョブ型なんですね。

　中堅企業と、スポーツの世界とは少し違うかもしれませんが、組織づくりの参考になりそうです。

白木　日本のジョブ型と米国のジョブ型はちょっと違うようですね。

　米国では短期で成果を出して業績にフィットさせるために、ジョブディスクリプションを作成したりしますが、日本流はやることを1つに絞って徹底的にやったほうが、短期間で成長して個性を活かせるという意味もあるのでしょう。最初から個性が立っている人は多くないので、個性を立たせるためにジョブをあえて絞る、というような考え方ですね。

宮本　今回、岩本先生のお話を伺っていて、今もまだできていないことがたくさんにあると感じました。

　私自身、昔よりは成長しているはずですが、見守りが相当できていないなと、この鼎談中ずっと反省しているところです。

岩本　フェーズがあると思います。山本五十六氏の「やってみせ　いって聞かせて　させてみて　誉めてやらねば　人は動かじ」というように、やはり、やってみせていって聞かせて、ということは必要です。それは自律に持っていくためのプロセスなのだと思います。

メッセさんはかなり幅広く、さまざまな取り組みをされているので、その全体像もすごく良いですし、一つひとつもどんどん研ぎ澄まされていっているなという印象です。

何からやっていくかは企業によって違うと思いますが、本書を手に取った方がご自身の状況下で、「明日からこれをやってみよう」となるといいですね。組織づくりのヒントをこれからもつくりだして、日本企業のロールモデルになっていかれることを期待しています。

宮本　幅広い視点からお話しいただき、ありがとうございます。ご期待に沿うよう、さらに精進していきます。

白木　岩本先生ならではのマクロな視点は、とても示唆に富んだものだと感じました。本日はどうもありがとうございました。

第8章

第9章

スパイラル型で進化する「未来のイノベーション組織」とは？

著者鼎談：
一橋大学大学院経営管理研究科
客員教授 **名和高司** 氏

パーパス経営の第一人者である名和高司氏は、コンサルタントとして数多くの企業を変革へと導いてきました。近年は、イノベーションを起こす組織の形態「DACO（Decentralized, Autonomous but Connected Organization）」を提唱されています。名和氏から見て、メッセにはどのようなイノベーションの可能性があるのか。中堅企業の魅力や課題、「成長」と「大義」の必要性などを語り合いました。

パーパスを唱えるだけでは、何も起こらない

宮本　メッセはスタートアップでもなければ、大企業でもない。おそらく一般的には、あまりイノベーティブではない印象を持たれがちな、中堅企業というカテゴリーに入るでしょう。

　そんな中堅企業の魅力、および課題にはどのようなものがあるでしょうか。

名和　イノベーションを起こすためには、「ゆらぎ」「つなぎ」「ずらし」という3つのリズムがある、というのが私の持論です。これらは生命が進化するときのプロセスそのもので、この3つをつくれるかどうかが、企業の進化につながるでしょう。生物でいうと、最初に環境変化をうまく取り込んだ個体によってゆらぎが発生することで、それが次の個体へと引き継がれ、次第に生態系全体が進化していくということです。

　企業でいうならば、まずは現場でさまざまな実験や挑戦をしてみる。「経営の4P」が明確化され、現場が自律的に動き出す、つまり遠心力が働くことに相当します。これがイノベーションを起こす最初のきっかけになるのですが、それだけだと一人ひとりがバラバラなことをしてしまうので、それを組織とし

てワンチームにしていく必要がある。「4つのC」によるつなぎに近いことで、それでさまざまな運動が起こり、力が寄ってきて求心力が働きます。そうして人きなリズムになってつながっていき、経営の4Pと4つのCを更新し続けることで「ずらし」が起きて、イノベーションが生まれるという流れです。

宮本　企業の規模を問わず、この3つのリズムがあればイノベーションを起こせるものなのでしょうか。

名和　この3つを、スタートアップではおそらく当然行っているでしょう。しかし大企業の場合は、相当重たくなるので難しいです。

その中間である中堅企業は、それなりに持っているものがすでにある中で、ゆらいでつないでいきやすい。ただ、そのままの図体で大きくなってしまうと、それは単なる膨張で成長にはなりません。そこで肝となるのが新陳代謝を行うことですが、身軽な中堅企業こそ実行しやすい。それが進化における、非常に重要なポイントです。

白木　名和先生はＤＡＯ（Decentralized Autonomous Organization）からＤＡＣＯ（Decentralized, Autonomous but Connected Organization）へという組織形態の変化についても、その必要性を唱えられています。これもイノベーションを起こすために、重要なのでしょうか。

名和　DAOは特定の所有者や管理者が存在せずとも、事業やプロジェクトを推進できる組織を指す言葉です。ただ、自律分散してしまって遠心力が働き過ぎなので、それだけだとバラバラで大きな力は生まれません。

そこで私はDACOという組織形態を提唱しています。ネットワーク型でDAOに広がったあと、もう一度求心力を発揮し、組織として力を集める。「経営の4P」でいうところのPhilosophyです。

これはダイバーシティ&インクルージョンと同様で、多様なものが存在しているだけでは何も起こらない。より重要なのはインクルージョンです。しっかりつないで、みんなで新しいことに取り組む。それができると、イノベーションを起こしやすくなります。これは、経済学者のヨーゼフ・シュンペーターが、イノベーションの定義でいっている「新結合」そのものでしょう。

以上は「空間軸」で捉えたときの見方で、「時間軸」で考えると、バスケットボールにおける「ピボット」のように軸をブラさずに「ずらし」ていくことが、イノベーションを起こす要素になると考えています。

宮本　それは、なかなか難しいことのように感じますね。

名和　スタートアップだと、そもそも軸がないケースもありますが、中堅企業はしっかりした軸があるはず。そこに踏みとどまると進化できず、逆に大きく飛びすぎると今までの強みがなくなってしまう。そのさじ加減は、たしかに難しいでしょう。けれども、それができれば中堅企業でも、どんどん強くなっていけるわけです。

中川政一商店や堀場製作所、ロート製薬などがその例といえます。バスケットボールのように、各プレーヤーがその場その場でベストな動きをやり遂げていく。中堅企業だからこそ、そんな機敏な動きができるのです。

宮本　メッセの基幹事業は遊技業の運営ですが、未来を見据えるとそれだけでは不十分だと考え、その要素を因数分解して「居場所事業」が自分たちの強みだと理解しました。

それを軸に、サウナやコワーキングスペースなど「都市型の居場所」に加えて、「自然型の居場所」に取り組んでいるところです。知らず知らずのうちに「ずらし」を実践していたのだと、自信になりました。

名和　「実戦力」も欠かせませんね。私はパーパス経営を提唱していますが、最近はパーパスといっているだけの企業が多くて、もういい加減にしろと思うほどです。パーパスを唱えているだけでは意味がなく、プラクティス、つまり実践することが肝要です。

他方、パーパスをいきなりプラクティスにするのは困難で、その間にプリンシプル、つまり行動原理を入れる必要があるでしょう。基本的な動き方はマスターした上で、あとは臨機応変に対応するということです。「学習」と「脱学習」を繰り返しながら、学んだことをやってみて、でもそれにしがみつかず、また新しいことを学び続ける。日本の伝統芸能や武道における、「守破離」にも通じるものがあります。

こうしたことは、ベンチャーやスタートアップも取り組んでいますが、それなりの資産を持っている中堅企業が取り組むほうが、懐が深く、機敏にできるでしょう。中堅企業には、進化のネタがたくさんあって楽しみです。

「二律背反」を組織へいかに取り込むか

白木　私たちもさまざまな組織を拝見していて、日本では求心力を働かせようという企業が多く、遠心力や新陳代謝が働きにくいことが課題でもあるように感じます。

名和先生から見て、日本企業の課題はどこにあると思われますか。

名和 今はむしろ、遠心力が働きすぎてしまっている状態だと思います。シリコンバレーでは自律（autonomy）と規律（discipline）の両方が必要だといわれていますが、これまで規律がありすぎたため、あえて自律に振って緩い施策を実施している状況です。

しかし、それでは何も生まれません。だからこそ、とりあえずいろいろことをやってみても、そこからまた組織として束ねる求心力のほうが、実は重要だと考えています。

白木 ゆらぎをつなぐ、異結合の難しさがありそうですね。

先ほど「3つのリズム」は中堅企業こそという話が出ましたが、イノベーティブな組織のサイズに限界はあるのでしょうか。

名和 私は〝表面積〟が大切だと思っています。外の変化にもっとも触れるセンサーの部分です。組織の規模が大きくなるほど表面積は小さくなり、特に本社にいる人たちは外に触れなくなっていく。すると変化は起こりません。

それを担保するのには、組織を小さくまとめること。Googleは5人チーム、京セラは10人チームを編成しますが、それくらいが変化に対して機敏に動きやすい。ところが、そうしてしまうと逆に大きな仕事に対して何もできず、求心力が生まれてこなくなる。一旦自律するけれど、分散しないというのは、そこなのです。自律するためには少人数が良いですが、パーパスを磁石に、エンゲージメントを磁場にして、みんながしっかりと、もう一度結合ができるかどうかが問われます。

表面積を大きくしたあと、あらためて緩く求心力をつくる。中堅企業にしても大企業にしても、逆に振れすぎないようにする必要があります。

白木 スタートアップよりも資産があっていろんなことをしやすく、大企業に比べると表面積が広くて変化を起こしやすいというのが、中堅企業の魅力ですね。これからの組織について、「経営の4P」をご覧いただき、名和先生として大事だと考えるポイントがあれば、ぜひお聞かせください。

名和 「PCマトリクス」は、私の考えを違う形で示してくれているように感じます。ただ、これは求心力と遠心力など、二律背反的なこともいっている。学習と脱学習のような、単なる振り子ではない動きを両方とも内包することを、どのようにうまく組織へ取り込むかが試されているともいえるでしょう。

時間軸の中では、経営の4Pと4つのCが行ったりきたりと、ある程度どちらかに振れることがあるかもしれません。それが単なる円運動や振り子運動ではなくて、螺旋のようにどんどん進化するのが、生物的な進化の動きです。

宮本　一旦戻ったように見えて、実は違う高みへ一段上がっているというスパイラルな感覚を、いかに持てるかということですね。空間軸でみると、どういうことがいえますか。

名和　空間軸では、離れているものを多様な形で、いかに関係性つくっていくかが問われるでしょう。それは違うもの同士を結びつける力であり、私は「編集力」といっています。

この関係性を読む力、結ぶ力は、4つのCにおけるCenter-pinに近いかもしれません。

求心力をつくり出す3つの源泉

宮本　では一度外に広げたあと、再び求心力をつくるには、どのようにすれば良いのでしょうか。

名和　実はそこが、経営者の腕の見せどころです。

組織は誰もが自由に出たり入ったりするわけで、箱や壁などのハードワイヤーでつくるわけにはいきません。ソフトワイヤー、ソフトコネクトをどうつくるかですが、それが実は難しい。

ただ、方法はあります。「パーパス」「アルゴリズム」「エンゲージメント」という3つの源泉がカギです。まず「パーパス」の力で、人が同じ未来を目指すようにします。最初に自分たちがどうありたいのかを描いていないと、どこに向かっていいかわからなってしまいますから。この発信力や思いにかける熱量の強さが大切ですが、それだけでは不十分。「アルゴリズム」が必要です。その企業ならではの〝未来のつくり方〟、方程式みたいなもの。それがないと、「やってみよう」のかけ声や気合いだけで進んでいく、非常に頼りない脆弱な状態になってしまいます。

白木　すでに「アルゴリズム」を実践している企業はあるのでしょうか。

名和　例えばリクルートでは、「0→1（ゼロイチ）、1→10（イチジュウ）、10→100（ジュウヒャク）」という3つのステージごとに、それぞれ3つずつメソドロジーがあります。これがアルゴリズムといえるでしょう。リクルートの場合は「不に着目する」というのが、創業者である江副浩正氏の発想ですが、それだけでは儲かりません。不の中から光るものだけを見つけるのが、自分たちの大事なアルゴリズムだというのです。もっとわかりやすくいえば、「不」ではなく「未」を探し出すこと。

次に、見つけた「未」実現のネタを事業にして儲けるステージがあり、そこでもリクルートならではの方程式があります。「10→100」の段階になると、どうやって世の中のデファクトを取るかが、最終的なアルゴリズムです。しかも型をつくって横展開し、多くの人に使ってもらうことで、世の中に自分たちのモジュールがどんどん広がっていく。そのイメージを最初からつくれるかどうか。要するに、儲かるという「1→10」と、世の中で社会実装して大きくスケールするという「10→100」を、「0→1」のときにつくっている。まずは何かやってみて、そこから考えるなんてことをしていないのです。

白木 なるほど。最初からそこまで考え抜いているのは、すごいですね。その企業なりに考えた「勝つための理論」、あるいは「方法論」ということですね。

名和 「勝ちパターン」ともいえるでしょう。

話を戻して、求心力をつくる3つの源泉、最後の「エンゲージメント」は「引きつける力」です。これは心理学、社会学、人間学などさまざまな要素が含まれ、芸術に近いぐらいのもの。従業員エンゲージメントというよりも、外部パートナーをいかに巻き込めるかということです。

あるいは社内でも、一人ひとりというよりは、バラバラになったユニットをさらにどう結びつけるかなど、組織をうまくエンゲージさせる力のこと。以上の3つが、求心力をつくる源泉になると考えています。

宮本 自分たちはまだまだですが、私たちの小さい方程式でいうと、居場所事業という1つの解を見つけ、そこを膨らましてきたことがメッセの勝ちパターンですね。

一方で、私はもともとVR分野を研究していたこともあり、逆にフィジカルの魅力に気づきました。会社としてもフィジカルな居場所に注力していく方向ではあるのですが、バーチャルとはスケール感がまったく異なるので、そこをどうしたものかと悩んでいます。

名和 これからが楽しみじゃないですか。今まではバーチャルとフィジカルの世界は途切れていましたが、これがつながっていくと、とてもおもしろいでしょう。メッセさんはフィジカルを持っているだけに、リアルな体験と、その

10倍くらいのスケール感を持つバーチャルな体験の両方を行ったりきたりできるような、そういう場所をつくることができそうです。

バーチャルの領域にいる人たち——それこそAmazonにしてもGoogleにしても、逆にリアルが欲しいという希望を持っています。そのリアルを、メッセさんはすでに持っているというのが、強みであり引きつけどころです。

宮本　たしかに、そこは無限の可能性が広がっていますね。逆にいえば、自分たちは今、片方に寄り過ぎてしまっていると気づきました。ありがとうございます。

名和　今、私が関わっている分野に「リアルアバター」という話が出てきています。自分の分身である「アバター」は、バーチャルでいくらでもつくれるので、実は私のアバターが100人ほど、世界中で活躍してくれています。

それぞれバーチャルの世界で勝手なことをしているのですが、逆にその100人のアバターが体験することをリアルで再現するとなると、実際の私は1人しかいないので、できないのです。そこでリアルアバターという話が出てきて、それはロボットのようなものをイメージするでしょうが、もっとフィジカルなもので再現できないかと話しています。

バーチャルは無限大の可能性がある一方、フィジカルはものすごく制約が多い。そこにこそ次のイノベーションがあるというのが、リアルアバターという発想で議論しています。

白木　おもしろいですね。デジタル化が急速に進む今、逆にバルミューダをはじめとする白物家電人気の流れが出てきていますが、それに近い話です。

名和　そうです。その〝実感〟が、非常に希少な価値となってきている。なので、リアルを押さえていることは、ものすごく大きな優位性になるでしょう。

「成長」と「大義」の必要性

名和　ところで、メッセさんは見事に成長されていてすばらしいですが、なぜそれが必要だと思うのでしょうか。

私は成長を否定しているのではなく、むしろ必要だと思っていますが、近年は脱成長の論調も多くあります。そうした中で、宮本さんご自身は何を思い、周りにどう説得しているのかを知りたいです。

宮本　私が両親の会社に入って、「成長」に対して思うことが2つあります。

1つは利己的な側面で、単純にこの社会の荒波をたくましく生きていくためには、成長しなければならないということ。

もう1つは経営する中でわかってきたことで、成長は次世代につなぐ責任感だということです。今、日本のこの時代に生きているということ自体が、あまりにも幸せだと深く感じるようになりました。そこにあぐらをかくのではなく、それをさらに伸長させていかねばという、強い責任感が私にはあるのです。

そこは社員に強く共感してほしいですし、そう考えている人に仲間になってほしいと願っています。

名和　なるほど。もう1つうかがいたいのは、盛和塾にいらっしゃったということで、稲盛さんは「大義」を掲げる大切さを説かれていましたが、メッセさんでは大義をどうつくっているのでしょうか。

宮本　当社の根源的な大義は2つあります。

まずマイナスをなくすということ。そしてプラスを生み出すということです。マイナスに関しては、「孤独」を1つのキーワードにしています。リモートワークによって生み出された働き方や、都内全世帯のうち約半数が単身世帯だということ。凶悪犯罪の根底には孤独があるともいわれていますし、1日13本のタバコを吸うのと、同じだけの健康被害が孤独にはあるともいわれています。これをなくすというのを居場所事業の大義に据えており、今後もやり続けていきたいのです。

2つめの「プラスを生み出す」については、ロボットやAIによる自動化によって人間の労働が減り、学びや遊びにシフトしていく。その受け皿として、名和先生がおっしゃっていたように実感をともなって味わえる場所を、私たちが生み出していきたいと考えています。

名和 いいですね。よくわかりました。マイナスをなくしてプラスをつくるというのはとても良い話ですが、そこには社内の若手も共感して、情熱を傾けていますか。

宮本 私たちの経営理念自体が、第一に「全従業員の物心両面の幸福実現」を掲げ、まずは自分たちが幸せになることを定めています。その上で第二に「人類社会の進歩発展に貢献する」としています。

最近の若い世代は、自分たちが幸せでありたいということと、社会課題を解決したいという思いが強いようで、まさにメッセの経営理念と目指すところは同じなのです。だから世の中に対する大義については、かなり共感してくれています。
逆に「社長になろうぜ！」とか「売上高1兆円いくぞ！」ということに対しては、あまり反応しません。

名和　居場所事業について、自分たちだけの居場所であると同時に、そういう場所をいっぱいつくって、社会の人々をもっとハッピーにしたいという気持ちは、若い方たちも共感しているのですね。

宮本　採用においても、やはり遊技業を基幹事業としていることは、マイナスになっているでしょう。世間的なイメージもあって、それは仕方のないことかもしれません。
ただ、そのマイナスをくぐり抜けて入社してくれる子たちが最近出てきているのです。人財のレベルもどんどん上がってきていて、かなり良い方向へと進んできていると感じます。

白木　メッセさんを、第三者的立場で約6年間見てきた外部の人間として思うのは、以前からそこまで全員が情熱を持っていたかというと、そうでもなかったということです。
しかし、先ほど名和先生がおっしゃったパーパス・プリンシプル・プラクティスでいうと、パーパスだけではない、プリンシプルに基づいたプラクティスがメッセさんの中で急速に蓄積されていく中で、掲げているパーパスも本物なんだと若手も思い始めているのでしょう。そこに対する熱が、どんどん高まってきているのを強く感じるのです。まさに風土が醸成されていっている、その過程を目の当たりにしています。

「遊び学」を究めて、唯一無二の組織へ

名和　ところで遊技場は、店舗という空間的に見ると孤独ではないかもしれませんが、結局は1人で台に向かっているので、それが孤独の解消になるというのは少し不思議です。

宮本　居場所として機能していますし、たとえ会話が生まれなくても、その空間に自分以外の人がいることに意味があるのだと思います。

この夏、いくつかの祭りに足を運んでつくづく感じたのは、祭りで一番のコンテンツは「人が集まる場所」だということです。集団欲というか、群れているほうが人間の本能として心地が良いということ。

また、危機管理の本能を根源的に刺激しているのでしょう。それで私たちの会社も、売上が立っているのだと思っています。

名和　前半に話した「ピポット」のところでも少し話題になりましたが、サウナもその延長線上にあると考えて良いのですよね。

宮本　サウナもそうです。

ロボットやAIの発達によって、今後、人は時間をもっと持つようになるでしょう。だからデジタルデトックスをしたり、都会の子どもたちに自然教育をしたり、さらに社員の趣味活動もできる、すべてを含めたビレッジ型の居場所をつくろうというものです。

その青写真を先日の全社員イベントで発表したら、社員はみんな「絶対やりたい！」と目を輝かせていました。

名和　それはおもしろいですね。エンターテイメントにはポジティブな要素もあれば、ハマりすぎると生活が脅かされかねないというネガティブな側面もあります。そうしたことを考えると、宮本さんたちにはぜひ、すべてを包含した「遊び学」を究めてもらいたい。

私はオランダの歴史学者であるヨハン・ホイジンガの著書『ホモ・ルーデン

ス』（中央公論新社）が大好きなのです。これは「遊ぶ人」という意味ですが、ホイジンガは「人間が進化すると遊ぶ人になるのだ」といっています。

これはおそらく、宮本さんたちが狙っている世界に近いと感じました。フランスの思想家であるロジェ・カイヨワは「人間は遊ぶ存在である」として、ホイジンガとともに遊びを哲学した人として知られています。それをしっかり突き詰めると、次世代的な取り組みになるでしょう。

祭り1つとっても、遊びの要素をもっと取り入れることで、より文化伝統的にすごい魂を持ったものに変わると、私は考えています。メッセさんにはぜひ、ホモ・ルーデンス的な社会を目指していただきたいですね。そうすれば、とてもワクワクする世界が生まれてきそうです。

宮本　これまでにない発想です。今回は私たちメッセの得意分野を引き上げてくださり、新しく深掘りする領域までアドバイスをいただくことができて、大変勉強になりました。

会社に持ち帰り、ぜひ取り組んでいきたいと思います。

白木　深い知見をいただき、とても学びのある時間でした。本日は、どうもありがとうございました。

おわりに〜25個目の原則「結節点づくり」

本書では『組織X』を実現する、24個の原則を紹介してきました。「こんなにたくさんのことをやるのは大変だ……」と思われた方も多いかもしれません。実際その通りで、経営者「だけ」では、これをやり切るのは非常に難しいことは間違いないでしょう。

実はメッセが組織変革をやり切れた秘訣として、隠れた**「25個目の原則」**というべきものがあります。それは**「結節点づくり」**。結節点とは経営と現場をつなぐ存在で、企業におけるマネジメントのことです。ここを強化し、経営とマネジメントが一体となって組織づくりを行うことに、メッセはかなり注力してきました。

具体的には「幹部研修」と称し、毎月、宮本と白木の両名で1日かけて、結節点である幹部強化の施策を実施したのです。これは今でも続けており、開催数はすでに１００回を超えています。

当初は宮本の打ち出す方針や変革内容に否定的な意見も出ましたが、結節点を強固に、マネジメントと一丸となってからは、驚くほどのスピードで進みました。その速度は白木が手がけた組織変革の中でも圧倒的なものです。これこそ、結節点強化の賜物だと考えています。

組織変革には大変な胆力が求められますが、仲間と一緒なら困難を乗り越える勇気が出ますし、達成感も大きなものになるでしょう。

変革に取り組む際は、ぜひ経営とマネジメントで一丸となることから始めてください。

「普通の人」でも、集まれば幸せになれる

「はじめに」で、この本は「普通の人が、最高の組織をつくる」方法論について書かれた本であると、宮本が述べました。内容は盛りだくさんでも、おそらく実践が難しいと感じるものはなかったと思います。

本書において一番の説得力となる事実を示しておくと、まさに**「普通の人が**

書いた本」だということ。宮本も白木も有名な経営者でもなければ、著名な組織プロフェッショナルでもありません。普通の人間です。

その2人でも、社員とともにタッグを組んで、一生懸命に組織づくりへ取り組めば、エンゲージメント日本一3連覇という素晴らしい結果を出すことができる。これは、読者の皆さまにとっても励みになるのではないかと思い、この本を書きました。

私たちがもっとも伝えたかったのは、**「個々に特別な能力はなくとも、組織で力を合わせれば、素晴らしい成果を出すことができ、全員が幸せになれる」**ということ。

世の中には天才と呼ばれる人や、絶対にかなわないと思うような能力を持った人がたくさんいます。そうした方々を眼前にすると、私たちのような普通の人間は往々にして自信を失い、未来を信じられなくなってしまう。

しかし、一人ひとりは普通の存在でも、全員でスクラムを組んで、原則に沿って一生懸命にがんばれば、大きなことを成し遂げられるのです。

過去も未来も、組織は希望の光であり続ける

最後に、少し時間軸を伸ばした話をさせてください。

ユヴァル・ノア・ハラリ氏の世界的ベストセラー『サピエンス全史』(河出書房新社)で記されていた通り、実は組織は、過去に人類が躍進した原動力でもあります。

私たちの祖先であるホモ・サピエンスは、恐竜やマンモスなどの巨大生物はもちろん、同じ人類種であるネアンデルタール人よりも、個々の力は弱かったのだそうです。

しかし言語を操り、架空の物語をつくり出し、その虚構を信じる集団で群れて協力することで、もっとも高度な「組織力」という空前の力を獲得。人類種の中で唯一生き残り、生物の頂点に君臨することができた。まさに「組織の力で、人類は繁栄を手にした」のです。

昨今のデジタル化やＡＩ時代の進展において、「組織不要論」や「個人時代の到来」も叫ばれています。しかし、そのような中でも、20万年以上続く「人と

人が組織で何かを成し遂げる」ことの重要性は変わらず、未来も組織は希望の光であり続ける。私たちは、そう信じています。
そして『組織X』が、新しい一歩を踏み出し、何かを成し遂げようという方の背中を押す一助となれば、この上ない喜びです。

最後にはなりますが、編集者の川又さん、ライターの江頭さんをはじめとするプレジデント社の皆さま、初めての出版で不慣れな私たちをサポートしてくださり、本当にありがとうございました。おかげさまで、なんとか本書を世に送り出すことができました。

宮本からは、メッセという会社を創業し、その礎を築いてくださった宮本君夫社長・初子副社長、そしてともに働いてくれている社員の皆さま、そのご家族の皆さま、ここまで導いていただいたＬＭの皆さま、ともに成長してくださっているパートナー企業の皆さま、いつもお世話になっておりますお客さま、ともに地域を盛り上げてくださっている皆さまに、感謝を伝えさせてください。皆さまとだからこそ、私たちは毎日幸せに働くことができております。ここからさらに「世界一」という目標に向けて、一緒にメッセを楽しく成長させていきましょう。

白木からは、ＬＭの創業者である小笹芳央会長に感謝を伝えさせてください。ＬＭという会社をつくり、組織で苦しむ人々を救う方法論を確立してくれたからこそ、今回のようなすてきな物語に関わることができました。

また、本書の出版を陰ながら強力に支えてくれた、メッセの八木橋さん、森本さん、ＬＭの入江さん、小峰さん、田中さん、本当にありがとうございました。まさに、このチームの組織力があったからこそ、本書を出版することができました。

そして何より、『組織Ｘ』を最後までお読みいただいた読者の皆さまに、厚く感謝を申し上げ、本書を締め括りたいと思います。

株式会社メッセホールディングス　宮本　茂

株式会社リンクアンドモチベーション　白木俊行

組織X

「エンゲージメント」日本一3連覇企業が語る、24のメソッド×事例

2024年2月15日　第1刷発行
2024年3月 3 日　第2刷発行

著者　宮本 茂（メッセホールディングス）
白木俊行（リンクアンドモチベーション）

発行者　鈴木勝彦
発行所　株式会社プレジデント社
〒102-8641
東京都千代田区平河町2-16-1 平河町森タワー13階
https://www.president.co.jp/　https://presidentstore.jp/
電話　編集 03-3237-3733
販売 03-3237-3731
販売　桂木栄一、高橋 徹、川井田美景、
森田 巌、末吉秀樹、大井重儀

装丁　鈴木美里
組版　清水絵理子
校正　株式会社ヴェリタ
構成　江頭紀子
編集　川又 航

印刷・製本　大日本印刷株式会社

ISBN978-4-8334-5238-0
Printed in Japan